MORD NACH DER MESSE

Helmut A. Seidl

MORD NACH DER MESSE

Ein Verbrechen aus Münchens Vergangenheit

Volk Verlag München

Vergessenes Bayern
hrsg. von Dr. Ingvild Richardsen und Prof. Dr. Waldemar Fromm

Die Deutsche Bibliothek verzeichnet diese Publikation in der Deutschen Nationalbibliografie; detaillierte bibliografische Daten sind im Internet über https://portal.dnb.de/ abrufbar.

Neumarkter Straße 23; 81673 München
Tel. 089 / 420 79 69 80; Fax: 089 / 420 79 69 86
Druck: Pustet, Regensburg

ISBN 978-3-86222-451-7
www.volkverlag.de

Inhalt

Zeitumstände im damaligen Bayern

Im Frühjahr 1849 verübten der vorbestrafte Tuchmachergeselle Joseph Stopfer und der Goldschlägergehilfe Ludwig Dantinger in München einen grässlichen Mord. Opfer der beiden arbeitslosen Handwerksgesellen war ein prominenter Münchner, noch dazu ein Geistlicher: der Gymnasialprofessor Johann Baptist Schwarz, Kanonikus des Stifts St. Kajetan und Pfarrer der Stiftskirche (heute Theatinerkirche). Die Tat erregte in ganz Bayern ungeheures Aufsehen, zumal man sie politisch zu vereinnahmen suchte. Das Verbrechen ereignete sich ja – genau ein Jahr nach der Märzrevolution von 1848 – in einer äußerst turbulenten Zeit und in einem aufgewühlten sozialen Umfeld.

Bayern, seit 1806 von Napoleons Gnaden Königreich, hatte im Zuge der Deutschen Revolution von 1848/49, bei der in den Mitgliedsstaaten des Deutschen Bundes um nationale Einheit und demokratische Freiheiten gerungen wurde, seinen dritten König bekommen. Ludwig I., seit 1825 Regent, dankte nach gewalttätigen Unruhen, die sich auch gegen seine Geliebte, die Tänzerin Lola Montez richteten, während der Märzrevolution 1848 ab. Sein Sohn Maximilian folgte ihm als König Max II. auf dem Thron. Er versuchte, die aufgeheizte politische Lage zu beruhigen, u. a. durch ein Gesetz zur Pressefreiheit. Aufgrund dieser Liberalisierungsmaßnahme gründeten sich alsbald eine Reihe von Zeitungen, die nun meist eine bestimmte politische Richtung vertraten.

Das Spektrum reichte dabei von linksliberal/demokratisch/revolutionär bis zu erzkatholisch/konservativ/monarchistisch. Die jeweiligen Anhänger bezeichnete man gemeinhin als „Rote“ bzw. „Schwarze“. Die Erzkatholischen nannte man auch „Ultramontane“, da sie die Gebote der Institution „jenseits der Berge“ (lat. „ultra montes“) getreulich befolgten. Gemeint war damit natürlich der Vatikan in Rom, jenseits der Alpen.

In einem Artikel vom 2. Mai 1850, verfasst von P. Romberg in „Die Bayerische Presse“, einer „constitutionell-monarchischen“ Zeitung, unterscheidet der Autor zur Jahrhundertmitte drei große politische Parteien:

> „1) die Conservativen, 2) die Demokraten und 3) die Liberalen oder Constitutionellen. – Die Seele der Conservativen bilden alle diejenigen, die noch mit Herz und Sinn in unserm alten Christenglauben festgewurzelt sind, und in denen das Rechtsbewußtsein der Väter noch lebt. – Den Kopf der Demokraten bilden unsere demokratischen Doctoren, Advokaten und Literaten (wo bleiben die Schulmeister und Pastoren?) die dann einen großen Schweif von verblendeten Handwerkern und Taglöhnern hinter sich haben, von denen der größere Theil gar keine Ahnung hat von dem Wesen der demokratischen Weisheit und von den Absichten ihrer Häupter, welche diesen aber blindlings folgen, weil sie ihnen Erlösung aus aller Noth, Glück und Wohlstand ohne Gleichen verheißen. – Zu den Liberalen, den Centrums-Männern, gehören dann die Freunde des französischen liberalen Constitutionalismus; zu ihnen halten namentlich viele der sogenannten Gebildeten und Halbgebildeten, viele unserer Büreaukraten, Staatsbeamten und Gelehrten, denen sich dann ein großer Theil unserer Kaufleute und Handwerker zugesellt. – Diese drei Parteien stehen sich nun bereits seit Jahr u. Tag feindlich gegenüber. Alle drei Parteien sind sich darin einig, daß sie es anerkennen, daß die bürgerliche Gesellschaft in der gegenwärtigen Zeit krank ist, und eine Heilung der Krankheit höchst nöthig sei. Aber in der Beurtheilung dieser Krankheit sind sie sehr uneinig."

Unter den Presseorganen vertrat nun „Der Gradaus" am stärksten das Lager der „Roten". In einem am 29. September 1849 in der Zeitschrift „Volkshalle" veröffentlichten Inserat teilte „Der Gradaus" mit, dass er fortfahren werde, „die Interessen des Volkes und der Revolution aufs Entschiedenste zu vertreten. Die steigende Theilnahme der Demokraten, so wie der Haß, mit dem er von den Feinden des Volkes: Adeligen, Bureaukraten, Spießbürgern verfolgt wird und die Erbitterung, mit welcher die Staatsbehörde seine Artikel incriminirt, sind ihm das ehrendste Zeugniß seiner Wirksamkeit. […] Der *Gradaus* ist gegenwärtig das entschiedenste, demokratische Blatt in Bayern."

Vor eben jenem Blatt warnte dann ein anderes Inserat ein halbes Jahr später. In der anonymen, lediglich mit „München, am 8. März 1850" gekennzeichneten und in den „Neuesten Nachrichten aus dem Gebiete der Politik" (kurz „Neueste Nachrichten") vom 13. März 1850 veröffentlichten, zweiseitigen Anzeige heißt es:

> „Was treibt der ‚Gradaus'? [...] Er verdammt die Weigerung der Besitzenden, ihre Habe mit den Besitzlosen freiwillig zu theilen, – er reizt die Begierden der Armen auf die Güter der Reichen. [...] Die Ehe, die Familie, das Streben des Einzelnen, für sich und die Seinigen eine sorgenfreie Existenz zu erwerben, erklärt er für veraltete lächerliche Dinge. [...] Der rohe Wille im ‚Namen des Volkes' ist sein höchstes Gesetz. Die Treue der Söhne des Vaterlandes, die Ehre der Waffen sind dem ‚Gradaus' ein Gegenstand seines Spottes und Hasses; er wüthet gegen Soldaten, die er verthierte Söldlinge schimpft. [...] Die Tafel der Geschichte ist seinem Auge verwischt; er kennt den Stamm der Bayern nicht, der seit mehr als tausend Jahren mit seinem angestammten Fürsten in Treue, Einigkeit, Muth und Kraft von verwandten Stämmen, wie von den mächtigen Nationen des Auslandes geachtet war. [...] Doch sagt, wie weit der im Unsinn fortgeschritten sein muß, der da glauben mag, daß aus der allgemeinen Gesellschaft, wie sie der ‚Gradaus' mit seinen roth-demokratischen Gesellen vorbereitet, ein Staat, ein glücklicher Staat, eine freie Nation hervorgehen könne? – sagt einmal selbst, wie könnte aus der Auflösung aller Staatsordnung, aus dem Raube des Eigenthumes, aus der Theilung mit wollüstigen Faulenzern, aus der gänzlichen Entsittlichung und Entwerthung des Menschen, die Wiedergeburt eines Vaterlandes entstehen? Was soll da aus Bayern, was aus Deutschland werden?"

Diese Einstellungen teilte mehrheitlich auch „Der Volksbote für den Bürger und Landmann", ein strikt katholisch-konservatives Blatt, dessen Widerpart wiederum „Die Volksbötin" war. In einer „Vorrede" zum 1. Januar 1852 charakterisiert diese sich wie folgt:

> „Sie bleibt auch künftig Allen, die zu großen Zeitungsstudien keine Zeit haben, eine erzählende Hausfreundin, eine fortlaufende Chronik aller hiesigen und auswärtigen Begebnisse, und wenn's an der Zeit ist, auch eine politische Rathgeberin. In letzterer Beziehung vertheidigt sie die gesetzliche Freiheit, sucht den deutschen Sinn zu erhalten, und setzt namentlich ihre Hauptaufgabe darein, das Treiben der Ultramontanen mit langem und kurzem Rock [Ultramontane mit langem Rock = Priester], zu bekämpfen, unbeschadet des wahren Christenthums und seiner würdigen Diener."

Ende 1852 ging „Die Volksbötin" in den „Münchener Boten für Stadt und Land" über, sodass von den in der Revolutionszeit gegründeten Münchner Zeitungen nur mehr „Der Volksbote" sowie das überparteiliche Massenblatt „Neueste Nachrichten" übrig blieben.

Die seinerzeitige Münchner Presselandschaft spielte nun auch bei dem legendären Mord, um den es in dieser Publikation geht, eine gewichtige Rolle. Es wurde nämlich versucht, das abscheuliche Verbrechen an Professor Schwarz politisch zu instrumentalisieren und die Verantwortung dafür jeweils dem anderen Lager zuzuschieben.

Die Mordgesellen: ein Tuchmacher und ein Goldschläger

Joseph Stopfer wurde 1820 in der Münchner Vorstadt St. Anna geboren. Im Alter von sechs Jahren verlor er seine Mutter und mit zwölf verließ er endgültig das Elternhaus. Als er 1849 zum Mörder wurde, hatte der nunmehrige Tuchmachergeselle bereits eine lange Karriere als Kleinkrimineller hinter sich. Schon 1834, im Alter von 13 Jahren, war er erstmals wegen Diebstahls belangt worden.

Bis zum März 1838, als er für ein halbes Jahr in die „Strafarbeits- und Correctionsanstalt" Kaisheim „eingeschafft" wurde, hatte er laut Presseberichten „21 Polizeistrafen", u. a. wegen „Liederlichkeit", „frechen Lügen" oder „Vagabundieren" erhalten. In Kaisheim bei Donauwörth dienten die einstigen Klostergebäude der Zisterzienser-Abtei, die noch heute eine Justizvollzugsanstalt (JVA) beherbergen, bereits seit 1816 als „Zwangsarbeitshaus".

Bei der Einlieferung Stopfers im Frühjahr 1838 gab es dort – nach F. B. W. von Hermanns „Beiträgen zur Statistik des Königreichs Bayern" – rund 1.100 Insassen, „Detinirte" genannt, davon etwa 800 Männer und 300 Frauen. Von denen hatte sich die überwiegende Anzahl folgender Vergehen schuldig gemacht: „Diebstahl", „Bettelei und Landstreicherei" sowie „Liederliches Leben und öffentliches Ärgernis".

Die „detinirten" Männer wurden für verschiedene Beschäftigungen eingesetzt, vor allem in der „Leinen-Manufactur" und der Strohflechterei. Die Tuchmacher waren mit über hundert Mann die drittstärkste Gruppe.

Vermutlich konnte Stopfer also in Kaisheim im erlernten Beruf tätig sein. Mit seiner Arbeit bzw. seinem Benehmen in der Anstalt schien es allerdings Probleme gegeben zu haben: Zum Jahresende 1838 wurde sein unfreiwilliger Aufenthalt nämlich verlängert, und zwar nicht bloß um weitere sechs Monate, sondern gleich um ein ganzes Jahr!

Das hielt ihn aber nicht davon ab, nach einem kurzen Ausflug in die Freiheit wieder zum Langfinger zu werden, und 1841 gar einen

„ausgezeichneten Diebstahl“ zu begehen. Darunter verstand man hauptsächlich Einbruchs- oder Bandendiebstahl.

Diesem schlimmeren Delikt entsprach dann auch die Verurteilung zu diesmal sechs Jahren Zwangsarbeit. Doch so lange wollte Stopfer nicht eingesperrt bleiben. Bald darauf „entsprang“ er der „Besserungs-Anstalt“ und nutzte die gewonnene Freiheit zu einem weiteren schweren Diebstahl. Nach seiner Ergreifung wurde er dafür zwar angeklagt, vermochte sich aber „hinauszuleugnen“. Er wurde „von der Instanz entlassen“, das heißt, mangels Beweisen auf freien Fuß gesetzt, sodass er am 30. August 1848 dem Arbeitshaus endgültig den Rücken kehren konnte. In seinem Entlassungszeugnis wurde indes ausdrücklich vermerkt, dass er „keineswegs als vollkommen gebessert betrachtet werden könne.“

Nach eigener Bekundung machte Joseph Stopfer schon am Tag seiner Entlassung die Bekanntschaft von Ludwig Dantinger. Der war zu dieser Zeit 20 Jahre alt und ebenfalls ein Handwerksgeselle. Während man Stopfer beigebracht hatte, aus gesponnener Schafwolle kostbares Tuch zu weben, besaß Dantinger als Goldschläger die Fertigkeit, Blattgold zu bearbeiten. Anders als Stopfer war Dantinger zwar bisher nicht mit dem Gesetz in Konflikt geraten, doch galt er allenthalben als arbeitsscheu. Der Sohn der Webereheleute Lorenz und Anna Dantinger aus Giesing (das damals noch eine selbstständige Landgemeinde war und erst einige Jahre später, nämlich 1854, eingemeindet werden sollte) machte darüber hinaus noch durch etwas anderes von sich reden: Der Müßiggänger zeigte sich stets in extravaganter, modischer Kleidung, was die Leute erst recht argwöhnisch machte. Man fragte sich, woher dieser Geck das Geld für die schicken Kleider nehme. Ein Teil davon kam wohl aus seiner zeitweiligen Tätigkeit als „Marqueur“, das heißt als Kellner. Darüber hinaus unterstützte ihn seine Mutter hin und wieder mit einigen Sechser-Münzen. Geld benötigte der meist Beschäftigungslose zudem für den Unterhalt seines im September 1848 geborenen Kindes. Seiner Geliebten Josepha Sonndorfer, genannt Pepi, musste er dafür Alimente zahlen.

Eine Geliebte hatte auch Joseph Stopfer. Im November 1848 lernte er im Maderbräu die 30-jährige Handschuhnäherin Maria Hartl

Joseph Stopfer (rechts) und Ludwig Dantinger auf einem „nach dem Leben gezeichneten" Flugblatt aus dem Jahr 1850

näher kennen. Sie wohnte bei der alten Anstreicherswitwe Barbara Huber in der Kreuzgasse Nr. 26, direkt gegenüber dem Freischütz-Wirtshaus. In der Faschingszeit 1849 hatten sich die beiden aber schon wieder getrennt und Stopfer ließ sich bis zum 12. März nicht mehr bei Maria Hartl blicken.

Anfang Februar 1849 hatte Stopfer in der Schnapsschenke am Heumarkt, am Eck des „Dultgäßchens", ein Zimmer bezogen, das er sich mit einem Schneidergesellen namens Vest teilte. Beim Einzug in das Haus der Branntweiner-Eheleute Andreas und Maria Schlecht war er noch in Arbeit gestanden, wurde dann aber nach zwei Wochen aufgrund einer Kopfwunde, einer Schnittwunde an der Hand und einer Stichwunde am Oberschenkel arbeitsunfähig. Diese Verletzungen hatte er sich am 25. Februar 1849 bei einer Rauferei im Freischütz-Wirtshaus in der Kreuzgasse zugezogen, an der insgesamt fünf Männer beteiligt gewesen waren. Dort waren Stopfer und Dantinger seit Januar 1849 ebenso täglich anzutreffen wie bei der Kaffeewirtin Rosina Forster.

Eine nähere Bekanntschaft der beiden Männer ergab sich schließlich erst durch die Verwundung Stopfers. Ludwig Dantinger hatte gemeinsam mit einem Bader den Verletzten in jener Nacht nach Hause begleitet und auch den Hausherrn Andreas Schlecht geweckt. Dieser sah seinen Untermieter im Hemde dasitzen und bemerkte gleich, dass Stopfer verletzt und von starker Übelkeit befallen war. Daher brachten sie ihn zu dritt ins Bett, das hernach zahlreiche Blutspuren aufwies. Dantinger hatte Stopfer nicht nur nach Hause gebracht, sondern auch den Wundarzt dazu geholt. Von da an kam er auf Stopfers Bitte häufiger zu Besuch.

Das Mordopfer: ein stadtbekannter Geistlicher

Johann Baptist Schwarz wurde im Jahr der Französischen Revolution, am 29. November 1789, als Sohn eines „Kistlers“ bzw. Schreiners in Augsburg geboren. Von 1797 bis 1799 besuchte er die lateinische Stadtschule zu St. Martin. Da er „immer unter den Ersten seiner Klasse“ war, wechselte er im Jahr 1800 ans Augsburger Gymnasium und „Lyceum“. Dort erhielt er ebenfalls stets Bestnoten, woraufhin er von 1807 bis 1809 in Dillingen Theologie studierte.

„Nach vollendeten Schulstudien war er von 1810–1816 Hofmeister bei Hrn. Deuringer, dem damaligen Besitzer des Gasthofes ‚Zu den drei Mohren‘ in Augsburg“ heißt es in einer anonymen Erinnerungsschrift.

Am 19. April 1812 feierte er als Priester sein erstes heiliges Messopfer. Fünf Jahre später bestand er in München den „Concours“ (Ausschreibung, Prüfung) für eine Gymnasial-Lehrstelle. Daraufhin trat er in Augsburg eine Anstellung in der unteren lateinischen Vorbereitungsschule an und wurde kurz darauf in gleicher Funktion von der königlichen Regierung nach München versetzt.

1818 beförderte man ihn dann ans Progymnasium und ab dem Jahr 1820 lehrte er am Gymnasium des königlichen Erziehungs-Instituts. Als 1824 in München zwei öffentliche Gymnasien eingerichtet wurden, gab er zunächst in der dritten Klasse des nunmehr „Altes Gymnasium“ genannten Instituts Unterricht. 1827 rückte er dort in die Oberklasse vor, „wo er bis zu seinem Tode blieb“. Als Bibliothekar des „Alten Gymnasiums“, das in seinem Todesjahr 1849 in „Wilhelmsgymnasium“ umbenannt wurde, vermehrte Schwarz den Bestand der Schulbibliothek oft aus eigenen Mitteln.

Weithin bekannt war er für seine Wohltätigkeit, „mit der er die Armen unterstützte“. Er sorgte auch für seine alte Stiefmutter, die am Star litt. 1835 nahm er sie zu sich und ließ sie bis zu ihrem Tod 1838 von Münchens berühmtesten Ärzten behandeln. Im selben Jahr wurde ihm auch im neu errichteten „Hof- und Collegiatstift St. Cajetan“ die Stelle eines „Canonicus“ verliehen. Er war damit Stiftsherr, mithin Mitglied des Stiftskapitels und u. a. für die Abhaltung der Gottesdienste in der Stiftskirche verantwortlich.

Der nunmehrige Kanonikus von St. Kajetan, königliche „Kreisscholarch“ und Gymnasialprofessor wohnte zusammen mit seiner Schwester Josepha, die bei ihm als Haushälterin tätig war, in der Münchner Sonnenstraße 10 „über eine Stiege“, also im ersten Stock. Hier handelte es sich um ein Gebäude nahe der Josephspitalbrücke, das seinem Schwager Max Reindl, einem Kistler bzw. Tischler, gehörte und durch ein großes Tor erreichbar war. Neben der ebenerdigen Haustüre, durch die man die Treppe zum ersten Stock erreichte, befand sich ein mit zwei Eisenstangen gesichertes Fenster. Gegenüber dem Gebäude, in der Sonnenstraße 5, lag die „Goldene Ente“, ein vielbesuchtes Wirtshaus.

Am Sonntag, den 11. März 1849, las Schwarz in St. Kajetan, der Theatinerkirche, die Heilige Messe. Nachdem er im Anschluss daran noch eine Weile dem Chor „beigewohnt“ hatte, trat er den Heimweg an und kam gegen 8.15 Uhr zu Hause an. Er nahm ein Frühstück zu sich und goss dann wie gewöhnlich seine Blumen. Während er sich im Arbeitszimmer an die Korrektur von Schularbeiten machte, drangen zwei Personen – nachdem sie im Erdgeschoss des Hauses das Eisengitter des kleinen Fensters verbogen und die Fensterscheibe eingeschlagen hatten – über die Stiege in die Pfarrwohnung ein.

Josepha Schwarz hatte an diesem Tag den von ihrem Bruder gehaltenen Frühgottesdienst besucht. Bei ihrer Rückkehr gegen neun Uhr bemerkte sie, dass die Haustür zwar noch verschlossen, das Fenster daneben aber eingedrückt und eine Eisenstange, an der etwas Blut klebte, verformt war. Sie vermutete, dass Einbrecher am Werk seien, ihr Bruder aber nicht zu Hause sei. Daher verschloss sie die aufgesperrte Tür wieder und holte den bei Reindl arbeitenden Tischlergesellen Andreas Mayer herbei. Mit ihm zusammen betrat sie das Haus. Im Flur lagen Glasscherben der eingedrückten Fensterscheibe; durch das entstandene Loch war der Riegel der Haustüre mit einem Stock zurückgeschoben worden.

Im Arbeitszimmer fanden die beiden schließlich die „bereits erstarrte Leiche“ des Kanonikus, „mit abgeschnittenem Halse in einem Blutstrome auf dem Boden“ liegend, daneben eine behelfsmäßige Papierscheide, in der offenbar ein langes Messer gesteckt hatte.

Man hatte sie aus Zeitungsseiten des Massenblatts „Neueste Nachrichten“ gebastelt.

Die ganze Wohnung war durchwühlt worden und Josepha Schwarz bemerkte sofort das Fehlen etlicher Wertgegenstände, darunter eine größere Anzahl von Zwei-Gulden-Münzen, die man aus einer Schreibtischschublade entwendet hatte. Zudem war ein weißes, baumwollenes, mit „J. B. S“ gekennzeichnetes Beichttuch, welches Josepha Schwarz noch vor dem Kirchgang ihrem Bruder in die Tasche gesteckt hatte, verschwunden. Auch einen Mantel aus dunkelblauem Tuch, der im Schlafzimmer an einem Nagel hing, hatten die Mörder mitgenommen.

Eine erste polizeiliche Inaugenscheinnahme ergab, dass der Diebstahl erst „nach erfolgter Entleibung des Prof. Schwarz“ stattgefunden hatte.

Der ermordete J. B. Schwarz auf dem Totenbett, Abbildung einer anonymen Zeichnung vom Jahr 1850

Die Kunde vom Mord an dem beliebten Geistlichen sprach sich im Verlauf des Tages schnell herum, sodass Massen von Menschen noch zu später Stunde vor dem Haus standen und lebhaft diskutierten.

Zwei Tage darauf, am 13. März, erfolgte im Leichenhaus die „Obdukzion und Sekzion" des Getöteten durch den königlichen Kreis- und Stadtgerichtsarzt, Medizinalrat Dr. Franz Xaver Kopp, und den Wundarzt Rittinger. Dabei wurde festgestellt, dass die tödliche Halsverletzung unzweifelhaft mit einem scharfschneidigen Instrument, etwa einem Messer, beigebracht worden war.

Am Tag der Obduktion wartete der konservative „Volksbote" auch schon mit Schuldzuweisungen an die „rote Saat" auf. Auf der Titelseite hieß es in fettgedruckter Schrift: „Ein katholischer Priester am hellen Tage gemeuchelmordet!", und weiter:

> „Die rothe Saat trägt ihre Früchte. Seit Wochen hat man in bekannten Versammlungen nicht genug auf die ‚Pfaffen' zu schimpfen gewußt, weil sie treu und redlich Hand in Hand mit dem Volke gehend, rathend und warnend, wie's ihre Pflicht ist, den Verführungskünsten der Rothen und ihren blutigen Umsturzgelüsten entgegen getreten sind. Die Hetzblätter haben mitsamm zum Haß gegen Priester und Bischöfe aufgewiegelt."

Darauf reagierte nun wiederum der radikal-revolutionäre „Gradaus" in seiner Ausgabe Nr. 75 vom 14. März 1849:

> „Ein katholischer Priester am hellen Tage gemeuchelmordet! Die schwarze Saat trägt ihre Früchte. [...] Pfaffen- und Regierungsblätter (Volksbote und Neue Münchnerin) haben mitsammen in Verdächtigung der Volksfreunde, in Verbreitung von Verkehrtheiten, in Verdrehung der Wahrheit, das Möglichste gethan. [...] Immerdar ist in den Blättern der Schwarzen geschrieen worden: Die Geistlichkeit habe (noch!) nicht genug Einnahmen, (noch!) nicht genug Geld. – Wie es jene Herren Dunkelmänner mit der Knechtung und Dummerhaltung der Leute treiben, seht ihr schon in ihrem Vereine, welcher sich in der ‚goldenen Ente',

gegenüber dem Orte der Gräuelthat, befindet. [...] Nun zur gräßlichen That selbst! Was darüber zu erzählen war, haben wir bereits berichtet. Doch konnte man noch nichts bisher über die Thäter erfahren. Da geht gestern das schauderhafte, kaum glaubbare Gerücht, daß zwei Söhne des Geistlichen die Thäter seyen (Wir theilen mit dem Berichterstatter die Zweifel darüber. Anmerkung der Redaktion). Was würden wohl hiezu die Herren Ultramontanen sagen? Würden sie noch Lust haben, die That so schändlicher Weise den Demokraten in die Schuhe zu schieben? [...] Wenigstens müßten sie dann zugestehen, daß man dem Ermordeten keine sonderliche Erziehungsgabe beimessen könne."

Bei den zwei Verdächtigen, die von Zeugen in der Nähe des Tatorts gesehen wurden, sollte es sich also neuesten Gerüchten nach um zwei Söhne des Geistlichen handeln!

Am 15. März 1849 erschien dann eine Traueranzeige zum Tod des Kanonikus, Hofkaplans, Professors am königlich alten Gymnasium und Kreisscholarchen Johann Baptist Maria Schwarz, in der es hieß, dass der „hochwürd'ge Herr den grausamen Tod durch die Hand noch unbekannter Raubmörder" erlitten habe und das „Leichenbegängniß" um vier Uhr nachmittags stattfinde.

Zugleich wurde im „Münchener Anzeiger", einer Beilage der „Neuesten Nachrichten", auf den besagten „Gradaus"-Artikel Bezug genommen:

„Es wäre zum Lachen, wenn es nicht zum Weinen wäre. Mit welchem Geschrei wird doch nicht heut zu Tage Unsinn und Bosheit dem armen Volke für Wahrheit angepriesen! Oder glaubt die Redaktion des Gradaus, daß sie wirklich im Stande sei, mit ihrem Schmähartikel in Nr. 75 einen so allgemein geachteten Mann, wie Professor Schwarz gewesen, im Andenken seiner Freunde und Bekannten herabzusetzen? [...] Es wird aber selbst dem Unpartheiischen nicht klar, wie jene Schlußfolgerung zu verstehen sein sollte, die diesen Mord mit Ultramontanismus, Volkverdummung und Aberglauben in Verbindung bringt. [...]

> Nun aber erst gar die Verleumdung, die 2 Mörder als Söhne des Ermordeten auszuposaunen, ein Unsinn, den selbst die Redaktion in einer Anmerkung zu bezweifeln beliebte. Es wird sich wohl keine Criminalgeschichte finden, die etwas Aehnliches aufzuweisen hätte. Gleich zwei Söhne Mörder! […] Und woraus schöpft dieses Gerücht seinen Grund? Aus der merkwürdigen Kenntniß der häuslichen und Vermögens-Verhältnisse, welche die Raubmörder an den Tag gelegt."

Bei der Beisetzung des Ermordeten am 15. März hielt Dr. Georg Karl Reindl (1803 – 1882), der Domdechant des Erzbistums München-Freising, die Grabrede. Er sprach von Schwarz als einem Muster seines

Trauer-Worte

am frischen Grabe des von Raubmörders Hand gefallenen Hochw. Herrn Priesters und Professors Schwarz bei seiner Beerdigung zu München am 15. März 1849.

Beerdigung des ermordeten Geistlichen Johann Baptist Schwarz, oberer Teil eines Flugblatts mit Trauergedicht vom März 1849

Standes, dem daran gelegen war, im Stillen viel Gutes zu tun. Er sei allen ein lieber Mitbruder gewesen, der „wegen seines bescheidenen, friedlichen, liebevollen Wesens im theuren Andenken fortleben wird." Im Hinblick auf das Verbrechen „von ruchloser Hand" meinte er: „Der Glaube an Gott und die andere Welt" sei es, der die „Gesetze und die Obrigkeit achten und ehren lehrt." In diesem Sinne verlieh er folgender Hoffnung Ausdruck: „O möchte die Gottesfurcht und Frömmigkeit, einst das Lob und die Zierde unseres Volkes, wieder unser Erbtheil, die Grundveste unserer Sitten [...] werden!"

In ähnlicher Weise beklagte ein sechsstrophiges Gedicht den Tod des Geistlichen. Dort hieß es etwa in den letzten zwei Vierzeilern, die in Kreuzreim bzw. Paarreim gehalten sind:

„So schlummere sanft und ruhe fort im Frieden,
Du frommer Priester, dienstergraut,
Du Stern in stürm'scher Zeit hienieden,
Mit sel'gen Geistern nun vertraut.

Doch Hoffnung strahlt, wir sehen uns ja wieder,
Wenn modern längst die ird'schen Glieder,
Wenn einstens die Posaune schallt,
Der Geist dorthin zum Himmel wallt."

Das gesamte Trauergedicht stammt von Johannes Besenmacher und bildete den unteren Teil des besagten Flugblatts vom März 1849.

Zur Beerdigung des Kanonikus Schwarz äußerte sich dann am 18. März der „Volksbote" wie folgt:

„Die Verehrung, welche er während seines Lebens so verdient genossen, drückte sich durch die Menschenmasse aller Stände aus, welche ihn zur letzten Ruhestätte geleiteten. Gymnasiasten trugen den schön geschmückten Sarg, wie andere ihrer Mitstudirenden den Zug mit Fackeln eröffneten. Während aber allgemeine Entrüstung über die grausige That der noch unentdeckten Raubmörder herrscht, und Alle, die den Verewigten

> kannten, seinen Tod beklagen – was soll man dazu sagen, daß der edle Todte nach seinem furchtbaren Ende noch schändlich verläumdet wird! Eines jener Blätter, die im Dienst der Umsturzpartei stets von Haß und Schmach gegen die katholischen Priester überströmen, scheut sich nicht, ihm nachzusagen, seine ‚eigenen Kinder' sollten's gewesen seyn, die ihn umgebracht hätten! Das ist wahrlich mehr als niederträchtig, den Gemordeten noch an seiner Ehre, an seiner Sittlichkeit anzutasten. [...] Wie lange soll eine solche Schandpresse noch geduldet werden?"

Ein Vierteljahr später, am 12. Juni 1849, wurde der Nachlass von Professor Schwarz vom Königlichen Kreis- und Stadtgericht München versteigert. Darunter befanden sich laut „Bayerischem Landboten" u. a. folgende Gegenstände: „Ein vollständiges Bett, mehrere Lithographien in Rahmen, Kästen, Tische, ein großer Schreibtisch von polirtem Holze, Herrenkleider und solche Wäsche, Bücherstellen, Küchengeräthe, mehrere Löffel, Messer, Vorleglöffel, Kaffeelöffel von Silber, ein Oelgemälde (Christi Grablegung)." Mit „Bücherstellen" waren Bücherschränke bzw. Regale gemeint und „Vorleglöffel" war die Bezeichnung für einen großen Suppenlöffel.

Stopfer und Dantinger als Verdächtige

Am Sonntag, den 11. März 1849, hatten sich in der Wohnung Joseph Stopfers um sechs Uhr morgens zwei Besucher eingefunden: Ludwig Dantinger und der „Cadet-Corporal“ Desiderius von Velasco. Dessen „2. Infanterieregiment Kronprinz“ war in der nahen Isartorwache stationiert. Die drei begaben sich später in die im selben Haus befindliche Schlecht'sche Branntweinschenke.

Gegen 7.45 Uhr verließen die Zechkumpane die Schnapsschenke. Stopfer hatte eine graue Joppe mit grünem Kragen an, eine sogenannte Jägerjoppe, und Dantinger trug einen schwarzen „deutschen Hut“. Während der Korporal gegen acht Uhr vom Dultgässchen aus zur Hauptwache, in seine Kaserne am Isartor, zurückkehrte, setzten die zwei anderen ihren Weg in Richtung Sendlinger- bzw. Josephspitalgasse fort.

Rund eine Stunde später kam ein hemdsärmeliger Joseph Stopfer in einem neu gewaschenen Hemd zum Kleiderreiniger Schwab ins Dultgässchen. Er erklärte, dass bei der Rauferei am 25. Februar im Freischütz nicht nur sein „Tuchrock“, den er bereits Anfang März zu Schwab gebracht hatte, sondern auch sein seidenes Atlasgilet etwas Blut abbekommen habe. Er kündigte an, dass er diese Weste ebenfalls alsbald zur Reinigung bringen werde.

Dantinger saß derweil seit halb zehn Uhr bei einem Bier im Freischütz-Wirtshaus. Gegen zehn Uhr gesellte sich Stopfer zu ihm, wobei ihn Dantinger auf eine Schnittwunde am Zeigefinger der rechten Hand hinwies. Diese kleine Verletzung tat Stopfer aber mit der Bemerkung „Ich bin auch noch ein bißchen zugekommen mit der Geschichte“ ab.

Kurz darauf kamen Gendarmen ins Wirtshaus und erzählten, bei der „Ente“ sei einem geistlichen Herrn der Hals abgeschnitten worden. Daraufhin meinte Stopfer: „Was es doch für schlechte Leute gibt!“

Gegen 11.30 Uhr verließen die beiden Freunde den Freischütz wieder. Stopfer begab sich zur Wohnung der Maria Hartl, obwohl er sich ja seit ihrem Zerwürfnis wochenlang nicht mehr mit ihr getroffen hatte. Dort war aber nur deren Schwester Nothburga anwesend.

Er ließ Maria, die ja ausgebildete Handschuhnäherin war, ausrichten, dass sie ihm umgehend einen ledernen Fingerling nähen und diesen zum Freischütz bringen solle, da er sich in den Finger geschnitten habe.

Dantinger fand sich indessen in der Wohnung der Sonndorfers in der Sendlingergasse ein. Dabei legte er ein auffälliges Benehmen an den Tag, schritt nervös im Zimmer auf und ab und klimperte mit Geld herum. Seinem „Schwiegervater" gab er fünf Gulden als Unterhaltszahlung für sein mit Josepha gezeugtes Kind und seiner Geliebten schenkte er einen silbernen Schlüsselhaken in Form einer Lyra.

Auf die Frage, woher er plötzlich das Geld für die Alimente hätte, nachdem er letztmals im November des vergangenen Jahres lediglich einen Gulden gezahlt hatte, meinte Dantinger, er habe es sich von einem Bekannten geliehen. Das alles kam dem anwesenden Bruder von Josepha, Georg Sonndorfer, einem Gefreiten im Regiment König, höchst seltsam vor. Er war über die Beziehung zwischen seiner Schwester und Dantinger ohnehin alles andere als erfreut und zudem voller Argwohn.

Dantinger erschien schließlich kurz nach Mittag erneut im Freischütz-Wirtshaus und setzte sich dort wieder zu Stopfer an den Tisch. Inzwischen hatte sich herumgesprochen, dass einer der mutmaßlichen Mörder des Kanonikus wohl eine Jägerjoppe getragen hatte. Das machte nun die Träger solcher Jacken verdächtig. Und so sagte denn auch der Metzger Karl Wurzer, der im Freischütz zusammen mit seinem Bruder Simon für musikalische Unterhaltung sorgte, im Spaß zu den beiden: „Am Ende habt ihr den Professor Schwarz ermordet, ihr habt auch immer so Joppen an!". Daraufhin soll Dantinger ganz schlecht geworden sein. Es war ja allgemein bekannt, dass die Freunde gemeinsam eine solche Jägerjoppe besaßen und sie abwechselnd zu tragen pflegten.

Zeugen glaubten zudem, beim Größeren der zwei Männer, die zur Tatzeit in der Nähe vom Tatort gesehen worden waren, einen sogenannten deutschen Hut bzw. Demokratenhut ausgemacht zu haben. Wie der „Demokratenbart" (Vollbart) war dieser weiche,

„Demokratenhut“ der Revolutionäre von 1848/49

breitkrempige Filzhut als Gegenpart zum steifen Zylinder der herrschenden Klasse ein Kennzeichen bzw. Symbol der demokratischen Linken während der Deutschen Revolution von 1848/49.

Die Anspielungen, die im Wirtshaus gemacht wurden, bezogen sich jedoch nur auf die Jägerjoppe. Dantinger bestellte anschließend mit einer Gleichgültigkeitsmiene Kaffee und machte sich gegen drei Uhr mit Stopfer und Josepha, seiner mittlerweile eingetroffenen Geliebten, zu einem Spaziergang auf. Das Ziel war die Isartorwache, vor der schon der Korporal von Velasco auf sie wartete. Thema war dabei natürlich der Mord an Kanonikus Schwarz. Der Korporal meinte, dass man einen der beiden Mörder wohl schon arretiert habe. Auf dem Rückweg eilten Stopfer und Dantinger ihrer Begleiterin voraus. Auf deren Frage, warum sie denn so liefen, erhielt die zur Antwort: „Nun, wir haben halt jetzt etwas zu reden, du kommst uns schon nach."

Kurz nach vier Uhr nachmittags saßen die drei bereits wieder im Freischütz-Wirtshaus, wo Dantinger sich von den Wurzer-Brüdern, die hier als Sänger bzw. Zitherspieler agierten, das damals recht bekannte Hinrichtungslied „Vom goldnen Wastl" wünschte. Das aber verbat sich Stopfer mit den Worten: „Singt, was ihr wollt, nur *d a s* Lied nicht!"

Dantinger aber beharrte darauf, ließ fünf Maß Bier kommen und warf dem Zitherspieler Simon Wurzer vier Sechser-Münzen hin. Als dessen Bruder Karl dann mit dem Singen des Liedes begann, verließ Stopfer erzürnt das Wirtshaus. Dantinger rief ihm noch nach: „Geh' zum Teufel, ich wollt', ich hätt' dich nie gesehen".

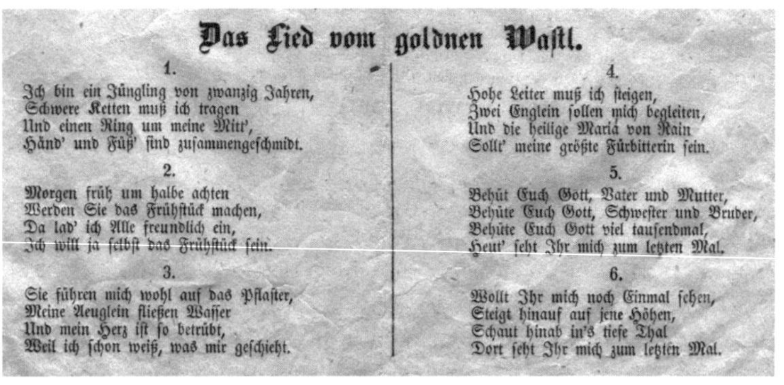

Das Lied vom goldnen Wastl.

1.

Ich bin ein Jüngling von zwanzig Jahren,
Schwere Ketten muß ich tragen
Und einen Ring um meine Mitt',
Händ' und Füß' sind zusammengeschmidt.

2.

Morgen früh um halbe achten
Werden Sie das Frühstück machen,
Da lad' ich Alle freundlich ein,
Ich will ja selbst das Frühstück sein.

3.

Sie führen mich wohl auf das Pflaster,
Meine Aeuglein fließen Wasser
Und mein Herz ist so betrübt,
Weil ich schon weiß, was mir geschieht.

4.

Hohe Leiter muß ich steigen,
Zwei Englein sollen mich begleiten,
Und die heilige Maria von Rain
Sollt' meine größte Fürbitterin sein.

5.

Behüt Euch Gott, Vater und Mutter,
Behüte Euch Gott, Schwester und Bruder,
Behüte Euch Gott viel tausendmal,
Heut' seht Ihr mich zum letzten Mal.

6.

Wollt Ihr mich noch Einmal sehen,
Steigt hinauf auf jene Höhen,
Schaut hinab in's tiefe Thal
Dort seht Ihr mich zum letzten Mal.

Auszug aus einem anonymen Münchner Flugblatt von 1850

Das Lied vom goldnen Wastl

1.
Ich bin ein Jüngling von zwanzig Jahren,
Schwere Ketten muß ich tragen
Und einen Ring um meine Mitt',
Händ' und Füß' sind zusammgeschmidt.

2.
Morgen früh um halbe achten
Werden sie das Frühstück machen,
Da lad' ich Alle freundlich ein,
Ich will ja selbst das Frühstück sein.

3.
Sie führen mich wohl auf das Pflaster,
Meine Aeuglein fließen Wasser
Und mein Herz ist so betrübt,
Weil ich schon weiß, was mir geschieht.

4.
Hohe Leiter muß ich steigen,
Zwei Englein sollen mich begleiten,
Und die heilige Maria von Rain
Sollt' meine größte Fürbitterin sein.

5.
Behüt Euch Gott, Vater und Mutter,
Behüte Euch Gott, Schwester und Bruder,
Behüte Euch Gott viel tausendmal,
Heut' seht Ihr mich zum letzten Mal.

6.
Wollt Ihr mich noch Einmal sehen,
Steigt hinauf auf jene Höhen,
Schaut hinab in's tiefe Thal
Dort seht Ihr mich zum letzten Mal.

Das Wallfahrtsbild von der heiligen Maria als Himmelskönigin befindet sich in der „schönsten Dorfkirche des Allgäus", in Maria Rain (Gemeinde Oy-Mittelberg).

Am Abend des Mordtages kam auch noch Maria Hartl, die den von Stopfer bestellten Fingerling bereits angefertigt und an eine Freischütz-Kellnerin übergeben hatte, mit ihrem neuen Geliebten, einem Soldaten, ins Freischütz-Wirtshaus.

Fast zur selben Zeit, etwa gegen 18 Uhr, verließen Josepha Sonndorfer und ihr Geliebter das Wirtshaus. Dantinger, der sich ganz unwohl fühlte, legte sich gleich ins Bett. Dabei sah Pepi, wie er eine silberne Uhr aus der Hosentasche zog und sie unters Kopfkissen legte. Diese hatte sie nie zuvor bei ihm gesehen. Auf sein Verlangen hin holte sie ihm noch einige Blutegel, die damals als Gegenmittel bei Unpässlichkeiten aller Art zum Einsatz kamen.

Tags darauf, am Montag, den 12. März, erschien Joseph Stopfer ganz überraschend um zehn Uhr vormittags bei seiner ehemaligen Geliebten Maria Hartl. Er brachte eine graue Joppe mit grünem Kragen mit und erklärte, dass die auf Ärmeln und Schößen befindlichen Blutflecken daher rührten, dass er dem Ludwig Dantinger „Egel gesetzt" habe. Maria Hartl fiel bei Stopfer eine silberne „Sackuhr" (Taschenuhr) auf, die angeblich ihm und Dantinger gemeinsam gehöre. Auf ihren Rat hin, er solle sie doch wegen seiner akuten Geldnot versetzen, erwiderte Stopfer: „Da könntest du schön zukommen, da thäten sie dich gleich behalten."

Nachmittags tauchte Stopfer wieder beim Kleiderreiniger Schwab auf und präsentierte die angekündigte Atlasweste. Dieses schwarz-weiß-blau karierte Gilet war „vorn an den Klappen von Blut ganz steif."

An jenem Montag war auch Ludwig Dantinger unterwegs. Gegen 15 Uhr schaute er wieder bei den Sonndorfers vorbei und fing gleich an, sich über die Ermordung des Kanonikus auszulassen, die gar schrecklich sei.

Am nächsten Tag ließ er sich erneut bei den Sonndorfers blicken und machte sich dabei durch folgende Äußerung verdächtig: „Gelten's, das ist ein schönes Spektakel, die Ermordung des Professors Schwarz; ich bin zu dieser Zeit in Giesing gewesen!" Sein misstrauisch gewordener „Schwager“ Georg Sonndorfer meinte daraufhin, er wolle die Mörder von Schwarz schon fassen. „Da könnte man sich 100 Gulden verdienen!“, entgegnete ihm Dantinger darauf.

Sein Kumpan Stopfer besuchte am Mittag des 13. März abermals Maria Hartl. Nachdem ihm diese die Jägerjoppe gezeigt hatte, die sie mit einer nassen Bürste gereinigt hatte, zog Stopfer die Seitentaschen heraus, die ebenfalls blutdurchtränkt waren. Hartl wusch daraufhin auch diese Stellen aus. Zugleich übergab ihr Stopfer ein blutiges Sacktuch, aus dem die Flecken leicht herausgingen. Es schien, dass sich jemand die blutigen Hände daran abgewischt hatte.

Am Donnerstag, den 15. März 1849, überstürzten sich schließlich die Ereignisse. Gegen 13 Uhr brachte Stopfer ein in graues Papier gewickeltes Päckchen zu Maria Hartl und sagte: „Der Pack muss nach Erding!“ Er müsse ihn nur noch mit einer Adresse versehen und ihn danach verschicken.

Inzwischen hatte sich aber bei Georg Sonndorfer der Mordverdacht gegen Dantinger wie auch gegen Stopfer erhärtet. Als er das seinem Bekannten, dem Brigadier Johann Nepomuk Scharl, mitteilte, meinte dieser, auch er habe schon länger den Stopfer als Täter vermutet. Sonndorfer könne Dantinger verhaften lassen, um dessen Freund werde er sich selbst kümmern.

Dantinger wurde also auf Betreiben Sonndorfers festgenommen und zur Polizeiwache beim königlichen Landgericht Au transportiert. Dort bat er seinen „Schwager“, dass Josepha ihm doch ihrer beider Kind auf die Polizei bringen solle, da er es noch einmal sehen wolle. Offensichtlich rechnete Dantinger damit, dass dies nun für längere Zeit nicht mehr möglich sein würde. Bei seiner Verhaftung hatte er sich „äußerst verlegen und beängstigt“ gezeigt. Ein ähnliches Verhalten war dann auch bei seinem Kumpan Stopfer zu beobachten, als dieser am selben Tag abends im Freischütz von Brigadier Scharl „arretiert“ wurde.

Bei der darauffolgenden Gegenüberstellung vermochte allerdings Wilhelmine Reindl, die Nichte von Professor Schwarz, die zur Tatzeit zwei Verdächtige beim Reindl-Anwesen gesehen hatte, weder Dantinger noch Stopfer als die fraglichen Personen zu identifizieren.

Und so war Stopfer am Freitag, den 16. März, schon wieder auf freiem Fuß. Der erste Weg führte ihn gleich wieder zum Freischütz, wo er sich weinend darüber beklagte, dass man ihm „so Unrecht" tue. Unterwegs hatte er seiner Schwester Karolina erzählt, dass den Mord an Schwarz „wahrscheinlich Demokraten" verübt hatten.

Gemeinsam mit Josepha Sonndorfer begab sich Stopfer dann zum Landgericht Au, um bei der Freilassung Dantingers sicherzustellen, dass dieser auch die silberne Uhr wieder bekam. Als Pepi ihrem Geliebten danach vorhielt, die silberne Uhr stamme wohl von Professor Schwarz, entgegnete ihr Dantinger, dass, wenn dem so wäre, er die Uhr gewiss nicht vom Landgericht zurückerhalten hätte.

Maria Hartl öffnete am Tag von Dantingers Freilassung das ihr von Stopfer gebrachte Paket und fand darin einen abgetragenen dunkelblauen Herrenmantel mit abgetrenntem Halskragen und seidenem Futter.

Abends kam Hartl auf Wunsch Stopfers zu ihm in den Freischütz, wo er ihr mitteilte, er habe jemand aus dem Polizeiarrest zu ihr geschickt mit der Botschaft, sie solle das „Packl" ins Wasser werfen. Maria Hartl erwiderte, sie habe weder die Nachricht erhalten, noch sich des Pakets entledigt. Er habe ihr ja gesagt, der „Pack" müsse nach Erding. Als Stopfer vernahm, dass dieser noch in der Kammer liege, reagierte er entsetzt: „Das hätte eine schöne Schmiere geben können, wenn die Gendarmerie gekommen wäre und gesucht hätte." Aus dem Mantel solle sie nun das Futter heraustrennen und sich ein Fürtuch (Schürze) daraus machen. Hartl kam dieser Aufforderung auch nach, schenkte das Futter aber einer Bekannten, der 27-jährigen Schneidermeisterin Barbara Lerch.

Eine andere Barbara, nämlich Maria Hartls Vermieterin Barbara Huber, hatte inzwischen im Flur des Hauses, hinter einem Kistchen einen blutverschmierten Lumpen, in den ein Stemmeisen eingewickelt war, entdeckt.

An jenem Freitag, den 16. März, erschien im „Intelligenzblatt der Königl. Regierung von Oberbayern" eine Bekanntmachung des „Königlichen Kreis- und Stadtgerichts München", die der Untersuchungsrichter Friedrich Weichsler gleich am Tag nach dem Mord verfasst hatte. Darin wurden die entwendeten „Effekten“ genauestens beschrieben und um Mithilfe bei der Suche nach diesen Gegenständen gebeten.

Bei den gestohlenen Sachen handelte es sich demnach in erster Linie um einen dunkelblauen Mantel, ein Leinen-Beichttuch, eine goldene und eine silberne Taschenuhr sowie einen Schlüsselhaken in Form einer Leier.

Das gerichtliche Hilfeersuchen wurde auch in den führenden Münchner Zeitungen wie etwa den „Neuesten Nachrichten“ abgedruckt und wurde dort am 17. März im Hinblick auf den dunkelblauen Tuchmantel noch dahingehend ergänzt, dass:

> „die vordern Seitentheile des langen Kragens mit schwarzblauer Seidenserge gefüttert, der Kragen selbst aber an beiden Seiten angestückelt ist, daß der Halskragen von schwarzem Selinot (gekräuseltem Wollzeug) und mit einer Tuchschleife zum Einknöpfen versehen ist, die Aermelaufschläge in 3 Spitz geschnitten, und die Vordertheile des Mantels mit demselben Tuche besetzt sind, der Mantel selbst aber sehr stark abgetragen, und deßhalb unten beim Schlitze im Innern mit blauem Tuche besetzt ist.“

In dieser Ausgabe der „Neuesten Nachrichten“ fand sich auch folgendes Inserat einer gewissen Ursula Ehmann:

> „Jener Niederträchtige, welcher das falsche Gerücht ausgesprengt hat, als sei mein Sohn Rupert Ehmann, welcher bereits seit dem 8. d. [seit 8. dieses Monats] im Krankenhause liegt, an dem Morde des Prof. Schwarz betheiligt, und zwar deßhalb, weil er eine Jägerjoppe trägt, wird hiemit aufgefordert, seine verläumderischen Reden sofort zu widerrufen oder er wird von mir vor Gericht belangt.“

Da sich herumgesprochen hatte, dass einer der Mörder von Schwarz eine Jägerjoppe und der andere einen dunklen Mantel angehabt haben soll, galten also die Träger solcher Kleidungsstücke anscheinend als besonders verdächtig.

Stopfer wollte wohl deshalb schnellstens den bei Hartl deponierten und für Erding vorgesehenen dunklen Mantel loswerden. Am Dienstag, den 20. März, holte er das Kleidungsstück zusammen mit Dantinger bei Maria Hartl ab und verkaufte es für vier Gulden in der „Blauen Traube“ an einen Bauern aus Solln. (Die „Blaue Traube“ in der Dienerstraße 11 wurde später zum „Englischen Hof“.)

Am 22. März 1849 meldete das „Münchener Tagblatt“:

> „Neuerdings ging das Gerede, man habe den Mörder des Hrn. Kanonikus Schwarz in der Person eines jungen Menschen zu Verhaft gebracht, und abermals hat sich die Angabe als unwahr erwiesen und noch immer hat man von den ruchlosen Mördern keine Spur.“

Joseph Stopfer wurde in München nun offenbar der Boden zu heiß. Er gab sein Mietzimmer bei den Schlechts auf und ließ sich für einige Tage in Tittmoning blicken, wo er im Dezember und Januar 1848/49 schon einmal in Arbeit gewesen war. Als er dort eine Geldsumme von rund 30 Gulden, darunter Zwei-Gulden-Stücke sehen ließ, sagte im Kellermann-Bräu ein Gürtlergeselle zu ihm: „Du hast ja Geld, als ob Du den Professor Schwarz gemordet hättest.“ Darauf meinte Stopfer lapidar: „Die den Professor Schwarz gemordet haben, haben kein Geld, die haben nichts bekommen, als eine Uhr und einen Mantel.“

Ende März traf Stopfer dann wieder mit Dantinger in München zusammen, der nun eine goldene Uhr um 14 Gulden an einen Kellner in der Au verkaufte. Währenddessen tauchte Stopfer erneut bei Maria Hartl auf. Als diese ihm eine inzwischen weitverbreitete Lithografie vorlegte, die den Mord an Professor Schwarz darstellte, zeigte sich ihr ehemaliger Geliebter darüber sehr erbost.

Auf diesem Flugblatt wurde eine gereimte, teils nur vermutete Tatbeschreibung verbreitet. Abschließend hieß es hier: „Die Polizei hat sich beeilt Und Steckbrief' auf das Land vertheilt, Auch Gendarmrie zu Fuß und Pferd, Gezückt ist des Gesetzes Schwert.“

Anonymes Flugblatt mit einer Darstellung des Mordes an Professor Schwarz aus dem Jahr 1849

Stopfer verlangte nun von Hartl, das abgetrennte Mantelfutter zu sehen. Dieses forderte sie daraufhin von der Schneidersfrau Lerch wieder zurück und konnte es ihm so später vorzeigen, um es dann doch wieder Lerch zu geben.

Für Joseph Stopfer und seinen Kumpan Dantinger sollten die Tage in Freiheit allerdings endgültig gezählt sein. Die Hauptstadt-Presse meldete, dass die beiden am 24. April ein weiteres Mal verhaftet worden waren. Einer sei schon einige Tage nach der Tat von dem hiesigen Gendarmerie-Brigadier zu Pferd, Johann Nepomuk Scharl, wegen Verdachts der Verübung dieses Mordes arretiert worden. Da aber zu dem Zeitpunkt weder „Effekten-Visitation" noch dessen „Rekognoszierung" stichhaltige Anhaltspunkte geliefert hatten, habe ihn die Untersuchungsbehörde wieder entlassen müssen. Der zweite Tatverdächtige sei ebenfalls schon zu einem früheren Zeitpunkt verhaftet worden, habe sich aus seinem Arreste selbst befreien wollen und sei schließlich wegen unzureichender Verdachtsgründe gleichfalls freigelassen worden.

„Die Bayerische Landbötin" verkündete die zweite Festnahme von Stopfer und Dantinger am 26. April wie folgt:

> „Die [...] Behörden hatten auf diese Ruchlosen schon kurz nach der That ihr Auge geworfen und wurden solche auch sogleich gefänglich eingezogen, jedoch nach Recognoscirung durch die Verwandten des P. Schwarz, welche die Vorgestellten n i c h t als diejenigen erkannten, welche sie am kritischen Morgen aus dem Hause des Ermordeten gehen gesehen – wieder entlassen. Doch die Nemesis [die Rachegöttin bzw. Göttin des gerechten Zorns in der griechischen Mythologie] hat gewacht; Umstände, haarkleine Deutungen, führten zu immer gewichtigeren Indizien, die durch das Geständniß einer dritten Person, als Mitwisser für die sicher gehende und thätige Behörde der aufgespähte Verdacht als nunmehriger fester Anhaltspunkt galt."

Und die „Landshuter Zeitung“ schrieb dazu am 28. April:

> „Die Mörder des Professors und Kanonikus Schwarz wurden durch die kön. Gendarmerie dahier eingezogen. Es sind ihrer zwei, und sie befanden sich schon einmal wegen Verdachtes an diesem Mord in gerichtlicher Haft, wurden aber wegen Mangel an Indicien wieder frei gelassen. Auf die Aussage der Geliebten des Einen hin, am Tage des Mordes ein blutiges Beinkleid gewaschen zu haben, wurde die Untersuchung wieder aufgenommen und man fand auch bei Einem derselben einige dem Professor Schwarz gehörige Effekten.“

Mit der Geliebten war natürlich Maria Hartl gemeint, die am Tag nach dem Mord einen blutigen Mantel gewaschen hatte. Letzten Endes war also ihre Aussage ausschlaggebend gewesen, nachdem der Brigadier Scharl und Dantingers „Schwager“ Georg Sonndorfer den zwei Verdächtigen nach der ersten Festnahme und der anschließenden Freilassung weiterhin hartnäckig nachgespürt hatten.

Nach deren Inhaftierung nahm übrigens Dantingers früherer Arbeitgeber, der „bürgerliche Feingoldschläger“ Johann Heinrich Lößl, am 27. April im „Münchener Anzeiger“ zu seinem einstigen Lehrbub noch öffentlich Stellung. In dem Inserat verwahrte er sich dagegen, den Beschuldigten Dantinger als Goldschläger zu bezeichnen:

> „Dem muß ich auf das Entschiedenste widersprechen. Derselbe war allerdings Willens, die Goldschlägerei zu erlernen, und befand sich auch ein halbes Jahr bei mir auf Probe, wo er sich Anfangs sehr gut anließ; als sich aber später Spuren von nächtlichem Herumschwärmen bei ihm zeigten, und alle Warnungen nichts fruchteten, so ließ ich ihn gar nicht einschreiben, und entließ ihn nach einem halben Jahre vor 1 ½ Jahren.“

Untersuchungshaft in der Fronveste

Joseph Stopfer und Ludwig Dantinger waren nunmehr Untersuchungshäftlinge und wurden als solche in die Münchner Fronveste am Anger, das damalige Untersuchungsgefängnis, eingeliefert.

Dort traf Stopfer, der den Mord an Schwarz weiter hartnäckig abstritt, auf einen alten Schulfreund, den auch Dantinger gut gekannt haben dürfte: Johann Baptist Sonndorfer, bei dem es sich pikanterweise um den Bruder des Gefreiten Georg Sonndorfer handelte, der ja für die erste Verhaftung seines „Schwagers" gesorgt hatte. Der Schneidergeselle Johann Baptist Sonndorfer saß gerade wegen Widersetzung und Diebstahl in Untersuchungshaft.

Am 15. Mai 1849 wurden Stopfer und Dantinger zur exhumierten (!) Leiche von Schwarz geführt. Die Konfrontation eines Verdächtigen mit dem toten Opfer war damals bei Kriminaluntersuchungen durchaus Standard. Man hoffte, aus dem Verhalten eines Beschuldigten Rückschlüsse auf dessen Schuld ziehen zu können. Im vorliegenden Fall war ja das Opfer bestattet worden, bevor man die mutmaßlichen Täter ermittelt hatte. Und so holte man das übliche Verfahren eben nach, indem man den Leichnam von Schwarz wieder ausgrub. Stopfer war „im Leichenhause bald übel geworden von dem Hinbeugen über die Leiche und dem davon aufsteigenden Geruche." Nur der Umstand, dass der Aktuar (Gerichtsschreiber) Seibold ihm etwas zum Riechen hinhielt, habe ihm, so Stopfer später, eine Ohnmacht erspart. Zu Dantingers Reaktion auf die „wieder ausgegrabene [...], noch erkennbare [...] Leiche des Hrn. Professors Schwarz" ist in der Presse vermerkt, dass er vorgab, die Person nicht zu kennen, jedoch heftig gezittert und dann zu weinen begonnen habe.

Heftiges Zittern zeigte Dantinger auch drei Tage später, am 18. Mai, als es bei einem Verhör um die inzwischen bei seiner Mutter sichergestellte silberne Uhr ging. Im Zuge weiterer Verhöre legte Dantinger sogar ein Teilgeständnis ab, in dem er sich als bloßer Mitläufer darstellte. Er gab an, für Stopfer und einen Unbekannten am fraglichen

Die Angerfronveste am Unteranger, 1809 erbaut, 1907 außer Betrieb genommen. Hier auf einer Aufnahme aus dem Jahr 1910

Tag bei der „Goldenen Ente" nur „Spähe" (Schmiere) gestanden zu haben.

Schwer belastet wurde Stopfer auch von einem Untersuchungshäftling, der in derselben Abteilung der Fronveste einsaß und wiederholt Gespräche zwischen dem Mordverdächtigen und Johann Baptist Sonndorfer mitangehört hatte. Bei dem Häftling handelte es sich um Alois Haser, seines Zeichens ehemaliger „Ouvrier beim Militär" (Schlossergeselle), wo er wohl mit der Herstellung von Bleikugeln und Zündhütchen betraut gewesen war. Gemäß seiner Anzeige bei der Gefängnisleitung habe Stopfer zu Sonndorfer gesagt, dass dessen „schöner" Bruder schuld an seiner Misere sei. Der habe ihn nur verhaften lassen, um die hundert Gulden Belohnung für die Entdeckung der Täter zu bekommen.

Eines Nachts nach der „Visitation" der Wachbeamten habe Stopfer gegenüber Sonndorfer sogar den Mord an dem Kanonikus eingeräumt. Auf die Fragen Sonndorfers, wo denn der geistliche Herr gewohnt habe, hörte Haser Stopfer sagen: „Draußen bei der Ente". Und auf Sonndorfers Nachfrage, ob sie es denn wirklich getan hätten, antwortete Stopfer: „No, das kannst du dir denken!" Und warum er dazu einen so jungen Burschen wie Dantinger mitgenommen habe? Stopfer: „Wenn er mir alle Schritt' und Tritt' nachlauft. – Ich habe auch geglaubt, er sey ein andrer Kerl".

Auf die Frage, wie sie den Kanonikus denn „abgetan" hätten, meinte Stopfer, den Angaben Hasers zufolge: „Ja was, es hätte es ja gar nicht gebraucht, der hat bös gejammert und hat uns versprochen, er wolle uns all sein Geld geben und uns glücklich machen, wenn wir ihn nur am Leben ließen, er wolle Niemandem etwas sagen. – Allein man kann ja nicht trauen. Weil sie uns nicht verschonen, kann man sie auch nicht verschonen. Wenn sie einen jetzt anzeigen, so wird man gleich wegen **eines** Zeugen verurtheilt, und da ist mir dann mein Leben lieber als dem andern seins. […] Der geistliche Herr hat schreien wollen, da hat ihm der andere – Dantinger, ein Tüchel ins Maul gestopft, ihn gehalten und ich habe ihn dann geschwind abgethan, daß er nicht mehr hat schreien können; ich habe ihn schon auf einen Platz hingetroffen, daß er nicht mehr hat schreien können."

Sein Messer, so Stopfer weiter, mit dem der Professor Schwarz umgebracht wurde, habe er so versteckt, dass „man's gewiß nicht findet."

Als nach einigen Tagen auch die Maria Hartl zur Untersuchungshaft in die Fronveste eingeliefert wurde, habe Stopfer zu Sonndorfer gesagt: „Nun jetzt ist es schlecht, nun haben sie das Futter auch von dem Mantel, welchen ich dem Weibsbilde gegeben habe, damit sie sich ein Fürtuch mache."

Offenbar war Stopfer der Ansicht, das Mantelfutter hätte sich wieder bei Maria befunden. Doch die hatte es nach seiner zweiten Verhaftung erneut Barbara Lerch überlassen, bei der es dann von Brigadier Scharl konfisziert wurde.

Laut Haser habe Joseph Stopfer dem Johann Baptist Sonndorfer auch gesagt, dass ihm nachts vom geistlichen Herrn geträumt habe und er morgens schweißgebadet aufgewacht sei: „Jetzt ist mir der Blutstropfen schon wieder erschienen, und geschwitzt habe ich, daß ich ganz naß geworden bin."

Briefe Dantinger's

an

seine Ältern und seine Geliebte, und das Lied vom goldnen Wastl.

Brief Dantinger's an seine Aeltern und Geschwister.

Liebe Aeltern und Geschwister! Ich schreibe Euch 2 Zeilen, wie ihr mein Leben erhalten könnt; ihr wißt in was für einem Unglücke ich mich jetzt befinde. Ich habe jetzt meine ganze Wahrheit angegeben, aber man will mir doch nicht glauben, weil ich am Anfange geläugnet. Ich bitte, suchet eine Person, aber eine recht deutsche, am liebsten wäre mir der — 3e Singerfertel; sagt, er solle es mir zu lieb thun; jetzt paßt auf, was er sagen soll: daß er am 11. März um ¾ auf 9 Uhr durch die Josephspitalgasse gegangen sei, da soll er sagen, er habe mich und noch zwei Unbekannte gehen gesehen, der eine sei hübsch groß, habe einen blauen Mantel und einen schwarzen Hut getragen, der andere aber war kleiner, hatte eine Jägerjoppe an und eine Studentenkappe auf. Er solle sagen, ich habe stark gehinkt, daß ich mit harter Mühe nachgekommen; sie seien schnell voran, er wisse aber nicht wohin, er habe nicht umgeschaut. Wenn man ihn fragt, wie er hingekommen, so soll er sagen was er will, er soll nur eine Ausrede nehmen, er soll nur sagen, er habe auf einen Schüler aus der Zeichnungsschule gewartet, er solle es nur fest behaupten, denn es ist ja alles die Wahrheit, wenn er es auch beschwören muß, es macht nichts, denn ich bin ja blos auf der Spähe gestanden, habe da nicht gewußt, was sie thun, außer vom Stehlen haben sie schon gesagt, was sie mir auch halb gegeben. Wenn's der Ferll thut, so soll er mit Ignaz in den Klosterhof kommen, dann rede ich selbst ein paar Worte mit ihm. Dann bekomme ich höchstens 6 Monate, er soll aber keinem Menschen nichts sagen! Ich bitte ihn darum, er hat mich gesehen am 11. März.

Brief Dantinger's an seine Geliebte.

Liebe Bebi! Ich grüße Dich herzlich; wenn Du willst, wird mir geholfen; sage vor dem Schwurgerichte, daß Stopfer zu Dir am 11. März gekommen sei, und gesagt habe, „wenn sie das gewußt hätten, daß es so gegangen wäre, so hätten sie mich, nämlich den Ludwig, nicht mitgehen heißen, aber sie hätten auch nicht gewußt, daß sie (nämlich Stopfer und der Andere,) das thun müssen. Wenn's Dich fragen, warum hast Du nicht gleich es gesagt, so sag'st, weil Du dortmals nicht gewußt, was er meine.

Dein

Dich liebender Dantinger.

Auszug aus einem anonymen Münchner Flugblatt von 1849/50

Stopfers Kumpan Dantinger zeigte ebenfalls große körperliche Reaktionen. Als der Untersuchungsrichter bei einem Verhör am 1. August dem Dantinger eindringlich ins Gewissen redete, weinte und schluchzte dieser laut Münchner Presse so heftig, „daß das Verhör, um nicht nachtheilige Folgen hervorzurufen, abgebrochen werden mußte; er bat auch, über Nacht ihm einen Kameraden in die Keuche [Zelle] zu geben, da er fürchte, unwohl zu werden."

Des Weiteren bat Dantinger seine Eltern und seine Geliebte Pepi in Briefen, die aus dem Gefängnis geschmuggelt wurden, ihm falsche Zeugen zu besorgen:

„Brief Dantingers an seine Eltern und Geschwister.

Liebe Aeltern und Geschwister!
Ich schreibe Euch 2 Zeilen, wie ihr mein Leben erhalten könnt; ihr wißt in was für einem Unglücke ich mich jetzt befinde. Ich habe jetzt meine ganze Wahrheit angegeben, aber man will mir doch nicht glauben, weil ich am Anfange geläugnet. Ich bitte, suchet eine Person, aber eine recht deutsche, am liebsten wäre mir der – Singerfertel; sagt, er solle es mir zu lieb thun; jetzt paßt auf, was er sagen soll: daß er am 11. März um ¾ auf 9 Uhr durch die Josephspitalgasse gegangen sei, da soll er sagen, er habe mich und noch zwei Unbekannte gehen gesehen, der eine sei hübsch groß, habe einen blauen Mantel und einen schwarzen Hut getragen, der andere aber war kleiner, hatte eine Jägerjoppe an und eine Studentenkappe auf. Er solle sagen, ich habe stark gehinkt, daß ich mit harter Mühe nachgekommen; sie seien schnell voran, er wisse aber nicht wohin, er habe nicht umgeschaut. Wenn man ihn fragt, wie er hingekommen, so soll er sagen was er will, er soll nur eine Ausrede nehmen, er soll nur sagen, er habe auf einen Schüler aus der Zeichnungsschule gewartet, er solle es nur fest behaupten, denn es ist ja alles die Wahrheit, wenn er es auch beschwören muß, es macht nichts, denn ich bin ja blos auf der Spähe gestanden, habe da nicht gewußt, was sie thun, außer vom Stehlen haben sie schon gesagt, was sie mir auch halb gegeben. Wenn's der Fertl thut, so soll er mit Ignaz in den Klosterhof kommen, dann rede ich selbst ein paar Worte mit ihm. Dann bekomme ich höchstens 6 Monate, er soll aber keinem Menschen nichts sagen! Ich bitte ihn darum, er hat mich gesehen am 11. März."

„Brief Dantingers an seine Geliebte.

Liebe Bebi!
Ich grüße Dich herzlich; wenn Du willst, wird mir geholfen; sage vor dem Schwurgerichte, daß Stopfer zu Dir am 11. März gekommen sei, und gesagt habe, wenn sie das gewußt hätten, daß es

so gegangen wäre, so hätten sie mich, nämlich den Ludwig, nicht mitgehen heißen, aber sie hätten auch nicht gewußt, daß sie (nämlich Stopfer und der Andere) das thun müssen. Wenn's Dich fragen, warum hast Du nicht gleich es gesagt, so sag'st, weil Du dortmals nicht gewußt, was er meine.

Dein Dich liebender Dantinger."

Ein weiterer Brief Dantingers richtete sich an den besagten „Singerferdl" (auch „Fertl" bzw. „Fertel", Kurzform für „Ferdinand"): „Schau nur, Ferdl, um eine Person, die ‚deutsch' ist, und mir heraushilft; sie soll nur sagen, daß Stopfer am 11. März v. J. Vormittags 9 Uhr aus dem Reindl'schen Hause mit einer unbekannten Person in blauem Mantel und deutschen Hut schnell herausging, und ich ihnen dann nachging."

Während also Dantinger nach falschen Entlastungszeugen suchte, schien Stopfer schon einen solchen gefunden zu haben. Der Mithäftling Peter Haselbauer, ein 17-jähriger Bäckerjunge aus Landsberg, der sich in München als Dieb und Tagelöhner durchschlug, hatte bereits kurz nach der Einlieferung Maria Hartls in die Fronveste zu Stopfers Gunsten ausgesagt. In der Fronveste habe nämlich Maria Hartl ihn wissen lassen, dass es der Ludwig Dantinger gewesen sei, der ihr den blutigen blauen Mantel gebracht habe; sie aber werde sagen, dass es Stopfer war. Damit wolle sie sich rächen, weil ihr ehemaliger Geliebter „mit andern Mädeln umgegangen" sei und sie misshandelt bzw. geschlagen habe.

Später, am 20. August 1849, meldete sich Haselbauer aber von sich aus zu einem erneuten Verhör. Jetzt gab er an, von Stopfer zu seinen Aussagen über Maria Hartl angestiftet worden zu sein. Die Hartl kenne er gar nicht und habe auch nie mit ihr gesprochen.

Stopfer sei zudem, so Haselbauer, sehr ungehalten gewesen, als er von ihm erfuhr, dass Dantinger ein Teilgeständnis abgelegt hatte. „Jetzt will er es gar so herumdrehen, der Lump, als wenn er nur Spähe gestanden wäre, und haben wir es doch miteinander gethan; aber das macht nichts, deshalb wird ihm doch die Strafe zu Theil, gerade so gut wie mir", habe Stopfer dazu gesagt. Anderntags habe er ihm dann aufgetragen, Dantinger Folgendes auszurichten: „Stopfer lasse ihm einen sagen, auf wen er fallen (den er geständnisweise als Thäter bezeichnen) könne, der schon gestorben sei; wenn er wolle, so solle er es nur durch einen Mitarrestanten zurücksagen lassen." Es sei, so Stopfer, besser, wenn Dantinger einen angebe, der schon gestorben sei, da dieser nichts mehr aussagen könne. Zu dem Zweck nannte er einen gewissen Ludwig Alt. (Dieser Instrumentenmacher war tatsächlich bereits zwei Monate zuvor, am 17. Juni 1849, verstorben.)

Stopfer, so Haselbauer, habe ihm auch erzählt, dass er den Professor Schwarz gehalten und Dantinger demselben den Hals abgeschnitten habe. Auf Haselbauers Frage, ob dieser dazu den Mut gehabt habe, antwortete Stopfer: Das habe schon sein müssen, weil sein Kumpan zu schwach gewesen wäre, den Kanonikus zu halten. Wie dem geistlichen Herrn die Gurgel „abgewesen" sei, hätten sie den Tatort überstürzt verlassen. Bei der Tat sei sein Atlasgilet „so blutig geworden, daß er ausgeschaut habe wie ein Metzger" und er es bei Schwab habe reinigen lassen müssen. Seine Joppe sei ebenfalls voller Blut gewesen. Den Mantel habe er zur Hartl hingebracht, der aber werde er, wenn er in Freiheit komme, „das Messer 99mal im Leibe umdrehen."

Am 13. September 1849 meldete sich Haselbauer wiederum zu einem Verhör und gab an, Stopfer habe ihm erzählt, dass er das Tatmesser in eine Ausgabe der „Neuesten Nachrichten" gewickelt habe und die Papierscheide unter dem Professor liegen geblieben sei. Seitdem ihm diese vom Untersuchungsrichter gezeigt wurde, mache er sich Sorgen, dass damit gegen ihn zusätzlicher Verdacht geschöpft werden könne. Weiter habe Stopfer gesagt, dass er schon drei Tage zuvor im Sinne gehabt hätte, die Tat zu verüben, er aber durch einen Zwischenfall daran gehindert worden sei. Er habe auch gewusst, daß der Professor allein zu Hause war und dass ihm doch niemand zu Hilfe kommen könne.

Später gab Haselbauer nochmals an, dass Stopfer ihn gebeten habe, einen Mithäftling für ein falsches Alibi zu gewinnen.

Ein Alibi hätte Stopfer aber nach Aussage von Martin Probst, einem ledigen Maurer aus Au, gar nicht gebraucht. Der saß zur selben Zeit ebenfalls in der Fronveste ein und hatte laut „Münchener Tagblatt" vom 16. März 1850 bei einer 1849 erfolgten Vernehmung Folgendes angegeben:

> „Bald nach seiner Einlieferung habe Dantinger ihm erzählt, daß er der Täter gewesen sei und Stopfer beim Vorfalle mit Prof. Schwarz gar nicht betheiligt gewesen, sondern daß die That in folgender Art verübt worden sei: Die Fensterscheibe im Flötz sei mit einer Messerspitze eingedrückt, die eiserne Stange zurückgebogen worden; dann sei Dantinger hineingestiegen und habe den Riegel zurückgeschoben, worauf sie, nämlich Dantinger und noch Einer, welchen Dantinger nicht nannte [...], in das Nebenzimmer des Prof. Schwarz geschlichen seien. Sie hätten dann den Prof. Schwarz rückwärts bei den Haaren gepackt, über den Lehnsessel herabgerissen und ihm den Hals mit einem Messer abgeschnitten, welches Dantinger dem Stopfer zuvor gestohlen und später in die Isar geworfen habe. Hierauf hätten sie in der Schnelligkeit zusammengepackt, was sie erwischen konnten, und da ein Geräusch entstanden sei, seien sie entflohen, so daß sie nicht einmal das Geld hätten nehmen können, das Prof. Schwarz in der Tasche hatte. Dantinger habe den Mantel des Prof. Schwarz umgehabt, damit er unkenntlich wurde, und diesen am fünften Tage bei einem Wirthe am Sendlingerthore einem Bauern verkauft. Dantinger habe dabei auch gesagt, daß er den Stopfer deßwegen hineinbringen wolle, weil Stopfer beim Freischützwirth die Schlüssel des Dantinger hergegeben und gesagt habe, daß bei diesem die Uhren seien. Dantinger habe mehrmals wiederholt, daß Stopfer unschuldig sei, daß er aber die Schuld leicht auf ihn werfen könne, weil dieser zur nämlichen Zeit in einer Rauferei blutig geworden und auch schon Stopfers Geliebte auf seiner Seite sei."

Im November 1849 zeigte das „Intelligenzblatt der Königlichen Regierung von Oberbayern" schließlich eine Ordensverleihung an:

> „Seine Majestät der König haben Sich unterm 28. October l. Js. Allerhöchst bewogen gefunden, dem Brigadier zu Pferd der Gendarmerie-Compagnie der Haupt- und Residenzstadt München, Johann Nepomuk Scharl, wegen besonderer Auszeichnung bei gefährlichen Arretirungen, so wie wegen des bei Ausmittlung und Verhaftung der Raubmörder des Professors Schwarz bewiesenen muthvollen und umsichtigen Benehmens [...] das silberne Ehrenzeichen des Verdienstordens der bayerischen Krone allergnädigst zu verleihen."

Am 28. Dezember 1849 ließ das „königliche Appellazionsgericht von Oberbaiern zu Freising" im Fall der Beschuldigten Stopfer und Dantinger die Anklage zu, verwies ihn an das nächste Schwurgericht und verordnete die Abfassung einer „Anklageschrift". Diese wurde am 30. Dezember 1849 von Staatsanwalt Carl August Freiherr von Dürnitz erstellt und umfasste acht doppelspaltige Seiten.

Als die Münchner Presse vermeldete, dass Stopfer am 16. Januar 1850 gegen die „Verweisung" ans Schwurgericht „Rekurs erhoben", mithin Beschwerde eingereicht habe, hieß es, das habe er nur gemacht, um länger Zeit und Gelegenheit zum Entwischen zu haben. Schließlich habe er ja einschlägige Erfahrungen als Ausbrecher.

Und tatsächlich hatten die beiden Tatverdächtigen Pläne für einen Ausbruch geschmiedet und sich dazu von einem Soldaten des 2. Infanterieregiments einen Bohrer, eine Lochsäge und ein Stemmeisen beschafft. Es ist sehr wahrscheinlich, dass es sich dabei um den Vertrauten und Zechkumpan Korporal Desiderius von Velasco vom „Infanterieregiment Kronprinz" – also vom 2. Infanterieregiment, dessen Inhaber im 19. Jahrhundert meist die Kronprinzen waren – handelte.

Der Ausbruchsversuch scheiterte aber, was zum Beispiel die „Neuesten Nachrichten" vom 29. Januar 1850 wie folgt meldeten:

> „Die Mörder des Professors Schwarz werden erst vor das nächste Schwurgericht kommen. [...] Dieselben versuchten dieser Tage einen Ausbruch aus der hiesigen Frohnveste, wurden aber entdeckt und sind seitdem an die Bettstelle geschmiedet."

Zum Verhalten der beiden Inhaftierten teilte u. a. das „Regensburger Tagblatt“, ein „Kampf-Organ für nationale Freiheit und soziale Gerechtigkeit“, am 2. Februar 1850 Folgendes mit:

> „Dantinger [...] hat bei Nacht häufig krampfhafte Anfälle, wobei er, wie es scheint, vom Gewissen geplagt, weint und jammert. So oft Dantinger über den Fall inquirirt [befragt] wird, geht das Weinen von neuem los. Stopfer aber ist und bleibt verstopft.“

Das „Augsburger Tagblatt“ berichtete Mitte Februar in seiner Nr. 45 über eine Diskussion in der zweiten Abgeordnetenkammer zum Thema „Preßgesetz“, bei der der Mordfall Schwarz gleichfalls zur Sprache gekommen war:

> „Der Abg. Westermaier [...] bedauert, daß man über die Presse nicht am Aschermittwoch rede; denn sie ziehe gegen Aristokraten, Priester, Reiche und Wohlhabende zu Felde, selbst an der Ermordung des Kanonikus Schwarz sey die demokratische Presse schuld. (Die allgemeine Verwunderung des Hauses bringt den Redner nicht aus seiner Weinlaune.) Die schlechte Presse sey an der Sittenlosigkeit in Altbayern schuld. (Ein schönes Kompliment für die Augsburger Postzeitung, welche in Altbayern am Meisten gelesen wird).“

Der Abgeordnete und Geistliche Anton Westermayer (1816–1894), der die schlechte Presse für die Ermordung seines Priesterkollegen Schwarz verantwortlich machte, saß ein Vierteljahrhundert später, von 1874 bis 1884, für den Wahlkreis München im Reichstag.

Vor dem Schwurgerichtshof von Oberbayern

Der Prozess gegen Joseph Stopfer und Ludwig Dantinger vor dem Schwurgerichtshof von Oberbayern war eigentlich für das erste Quartal des Jahres 1850, und zwar für den Zeitraum 30. Januar bis 1. Februar, vorgesehen.

Da Stopfer aber beim Appellationsgericht eine Nichtigkeitsbeschwerde (Anfechtung einer Anklage) eingereicht hatte, musste der Prozess verschoben werden. Nachdem sein Einspruch Anfang Februar 1850 vom Senat des obersten Gerichtshofs, also des Oberappellationsgerichts, verworfen worden war, wurde ein neuer Termin (11. bis 13. März 1850) festgesetzt.

Die Münchner Bevölkerung fieberte dem Prozess, der dann doch länger als geplant dauern sollte, mit äußerster Spannung entgegen, zumal allenthalben große Erschütterung über den erbarmungslosen Mord an einem als Wohltäter bekannten Geistlichen herrschte.

In der „Bayerischen Landbötin“ hieß es dazu am 23. Februar:

> „Die Spannung, mit welcher nicht nur München, sondern gewissermaßen ganz Bayern diesem interessanten Prozesse entgegensieht, wächst mit jedem Tage. Nach der Ansicht unserer Juristen ist weder ein Zweifel, daß die Todesstrafe wenigst gegen den Hauptangeklagten Stopfer ausgesprochen, ebensowenig einer, daß sie vollzogen wird.“

Im Hinblick auf die Wut des Volkes, die sich gegen die Angeklagten und ihre Verteidiger richtete („Wie kann man so etwas verteidigen?“), warnte dieselbe Zeitung am 7. März 1850 vor Ausschreitungen und Exzessen:

> „Bestünde noch das frühere Gerichtsverfahren, nach welchem sich ein verstockter Bösewicht durch Läugnen der wohlverdienten Strafe entziehen könnte, so wäre ein solcher Akt der Volksjustiz, wenn auch nie zu rechtfertigen, doch in mancher Beziehung zu entschuldigen; allein bei dem gegenwärtigen

> Stande der Strafrechtspflege, wo aus dem Volke berufene Männer über die Schuld des Angeklagten richten, verdiente ein solches Beginnen [eine solche Handlung] nur die schärfste Rüge."

Letzteres bezog sich auf die Strafrechtsreform von 1848, die die Einführung von Geschworenen zur Folge hatte. Vorher war ein Geständnis erforderlich; leugnete ein Täter, das Verbrechen begangen zu haben, konnte keine Verurteilung erfolgen.

Schon vor Prozessbeginn sorgte nicht nur der Umstand, dass die Verteidiger Drohbriefe erhalten hatten, für viel Gerede. Weit größeren Wirbel verursachte aber die Meldung, dass die Anklageschrift des Staatsanwalts in die Hände der Presse gelangt war und daher gleich am ersten Tag des Verfahrens veröffentlicht werden konnte. So wies etwa die „Neue Münchener Zeitung" am 9. März 1850 auf ihrer Titelseite extra darauf hin, dass sie am 11. März „unmittelbar nach der Verlesung dieses höchst interessanten Aktenstücks" vor Gericht „ab 12 Uhr Mittags" die „vollständige Anklageschrift gegen die Mörder des hochwürdigen Herrn Canonikus Schwarz" als gedruckte Beilage zum Verkauf anbieten könne.

So mancher sah darin die Gefahr einer möglichen Zeugenbeeinflussung, da die für die kommenden Prozesstage Vorgeladenen nun bereits alle Anschuldigungen im Detail kannten und so Zeit hatten, sich darauf einzustellen.

Am Montag, den 11. März 1850, war es schließlich soweit. Schon seit dem frühesten Morgen drängten sich riesige Menschenmassen in den Straßen, die von der Fronveste zum Gerichtsgebäude führten. Gegen sieben Uhr wurden Stopfer und Dantinger unter starker Bewachung durch berittene Gendarmerie und Kürassiere in einem geschlossenen Wagen über die Sendlinger-, Fürstenfelder- und Kaufingerstraße und – zur Umgehung der „harrenden Volksmasse" über die Weite Gasse – schließlich durch ein Hintergebäude in der Marburggasse ins Akademiegebäude, der alten Universität, gebracht. Dort war die außerordentliche Schwurgerichtssitzung anberaumt.

Über das Verhalten der weiblichen Neugierigen, die die Fahrt am Straßenrand begleiteten, berichteten die „Neuesten Nachrichten" wie folgt:

> „Von sogenannter Damenwelt rannten Schaulustige dem Wagen, welcher die Unglücklichen aufgenommen hatte, mit einer Begierde nach und drängten sich beim Aussteigen derselben mit einer solchen Rohheit durch und zu, daß darüber wahrlich jede Spur von weiblichem Zartgefühl verloren ging. (Verloren? Wir glauben, diese haben keines mitgebracht!)"

Die Zugänge zum Akademiegebäude wurden bereits seit halb sieben Uhr von einer Infanterieabteilung bewacht, deren Posten gegen allzu forsches Eindringen mit ihren Gewehrkolben vorgingen. Der Einlass zur Sitzung war ohnehin nur gegen Vorzeigen einer Eintrittskarte möglich.

Der Gerichtshof erschien schließlich um neun Uhr im überfüllten Sitzungssaal. Eröffnet wurde die Verhandlung mit einer Rede des Schwurgerichtspräsidenten, Oberappellationsrat Friedrich Adolph Freiherr von Hofstetten. Dieser betonte zunächst, dass es keineswegs Absicht gewesen war, den Prozess am 11. März, exakt ein Jahr nach der Tat, stattfinden zu lassen. Offenbar wolle, falls die beiden Angeklagten wirklich schuldig seien, es dann Gottes Gerechtigkeit so.

Es folgte ein Hinweis auf das neue Gerichtsverfahren (Schwurgerichte gab es bekanntlich erst seit 1848/49) und ein Appell an die zukünftigen Geschworenen, ihren Pflichten nachzukommen. Im Übrigen gelte nach wie vor der Grundsatz: „Lieber zehn Schuldige ungestraft als Ein Unschuldiger gestraft."

Nach der Rede wurde es ganz still im Saal und alle Blicke richteten sich auf die zwei Gefangenen, die hereingeführt wurden. Diese waren vorschriftswidrig noch gefesselt, sodass der Schwurgerichtspräsident sogleich die Abnahme der Fesseln befahl. Stopfer wird als Mann von mittlerer Größe mit dunkelbraunem Haupthaar und ebensolchem Schnurrbart geschildert, während Dantingers Haare als blond, lang, sorgsam frisiert und „gebrannt" beschrieben wurden.

Dantinger hatte sich also seine Haare, ähnlich einer Ondulation, mittels eines Brenneisens wellenförmig herrichten lassen. Ein solches Gerät war anscheinend auch bei Stopfer zum Einsatz gekommen.

Nächster Tagesordnungspunkt war die Wahl bzw. Vereidigung der Geschworenen. Gemäß der neuen Gerichtsordnung wurden zunächst aus den 30 einberufenen Kandidaten zwölf Personen per Los ermittelt. Zum Sprecher der Geschworenen wurde ein Bräuhausbesitzer aus Traunstein, ein gewisser Dr. Hutter, bestimmt. Dem Gremium gehörten des Weiteren an: ein Müller aus Ingolstadt, ein Seiler aus Hohenlinden, ein Krämer aus Oberaudorf, ein Bierbrauer aus Pöttmes, ein Bierbrauer aus Wasserburg, ein Buchbinder aus Pfaffenhofen, ein Müller aus Wiesmühl, ein Silberarbeiter aus Landsberg, ein Apotheker aus München, ein Maler aus München und ein Handelsmann aus Rain. Von den zwölf Geschworenen kamen also nur zwei aus München. Die Verteidigung hatte nämlich bei der Ziehung der Lose sechs in München oder der Vorstadt Au wohnende Männer abgelehnt. Dies zum einen, weil Professor Schwarz in München viele Freunde, Bekannte und ehemalige Schüler hatte, und zum anderen, weil die Münchner Geschworenen durch die vielen Gerüchte, die in der Stadt in Umlauf waren, beeinflusst sein könnten.

Nach der Vereidigung der Geschworenen wurde die Anklageschrift, verfasst vom Staatsanwalt Freiherr von Dürnitz, verlesen. Da diese Gerichtsakte, wie erwähnt, der Presse bereits vorab zugespielt worden war, konnte sie unmittelbar nach dem Verlesen im Gerichtssaal von „fliegenden Buchhändlern“ in den Straßen Münchens „ausgerufen und verkauft“ werden.

Als Gegenspieler des Staatsanwalts fungierte aufseiten Stopfers der Accessist Dr. Eugen Schneider und aufseiten Dantingers der Rechtskonzipient Carl Mayr. Beide waren Pflichtverteidiger, da sich keine Freiwilligen hatten finden lassen. Mit „Accessist“ (von lat. „accedere“ = herantreten) bezeichnete man einen Anwärter auf den höheren Gerichtsdienst, mit „Rechtskonzipient“ (von lat. „concipere“ = abfassen) einen Rechtsanwaltsgehilfen mit juristischem Examen.

Von den 63 vorgeladenen Zeugen fehlten sechs als entschuldigt, darunter Karoline Stopfer, die als Schwester des Angeklagten von ihrem Aussageverweigerungsrecht Gebrauch machte. Nicht als Zeuge vorgeladen war zur Verwunderung vieler Prozessbeobachter der Vertraute und Zechkumpan der Angeklagten, Korporal Desiderius von Velasco. „Muß auch ein sauberes Subjekt seyn", meinte „Der Volksbote" im diesbezüglichen Gerichtsreport.

Vor der Vernehmung der Zeugen mussten aber die Angeklagten aussagen. Die Fragen des Präsidenten nach Name und Alter beantworteten die beiden „anständig" Gekleideten – sie trugen „städtische Civilkleidung" – laut und deutlich. Bei der Frage nach der Religionszugehörigkeit ließ Stopfer die Prozessbeteiligten aufhorchen. Er behauptete nämlich steif und fest, protestantisch zu sein. Es stimme zwar, dass er früher katholisch gewesen sei, inzwischen aber sei er in Baden bei Wien protestantisch geworden. Den Einwand des Schwurgerichtspräsidenten, dass darüber nichts vorliege und es im Übrigen dort gar keine Protestanten gebe, wollte Stopfer nicht gelten lassen.

Sodann wurden die Angeklagten einzeln befragt, zunächst **Ludwig Dantinger**. Der blieb nun bei seinen bereits in der Voruntersuchung gemachten Angaben. Am Morgen der Mordtat sei er mit Stopfer und dem Korporal von Velasco in der Schlecht'schen Branntweinschenke am Heumarkt gewesen. Danach hätten sich die drei beim Dultgässchen getrennt. Dort habe er auch den Gefreiten Sonnberger gesehen, doch gegrüßt habe er diesen nicht. Schließlich lebe er mit diesem schon lange in Feindschaft. Er sei anschließend zum Freischütz, Velasco zurück in die Kaserne und Stopfer, der eine Jägerjoppe getragen habe, in Richtung Hackergässchen gegangen. Gegen 8.30 Uhr sei Stopfer in Begleitung eines unbekannten Mannes beim Freischütz aufgetaucht und habe ihn aufgefordert, mit ihnen zu kommen. In der Nähe der „Goldenen Ente", etwa 68 Schritte vom Haus des Schreiners Reindl entfernt, wurde ihm aufgetragen zu warten und zu pfeifen, wenn etwa ein geistlicher Herr zu sehen sei. Stopfer habe danach zusammen mit dem Unbekannten das Reindl'sche Anwesen betreten und nach acht bis neun Minuten seien beide wieder herausgekommen, wobei der andere jetzt einen blauen Mantel getragen habe. Die zwei hätten sich so schnell entfernt, dass er sie, durch eine Hodenentzündung am schnellen Gehen gehindert, erst beim Josephstor eingeholt habe. Dort habe ihm Stopfer acht Gulden an Geld gegeben, mit der Bemerkung, dass ihm selbst nicht so viel bleibe. Er, Dantinger, sei also nie im Reindl'schen Haus gewesen, zwei Wochen zuvor aber dort vorbeigegangen und habe nach jemanden gefragt.

Er habe sich anschließend zum Freischütz begeben, wo ihm vom Mord berichtet wurde. Gegen elf Uhr sei auch Stopfer eingetroffen. Als er diesem von der Ermordung des Geistlichen erzählt habe, habe dieser nur gemeint: „So?". Dann habe Stopfer ihn hinausbegleitet und ihm zwei Uhren gegeben: eine silberne und „eine dicke goldene". Dazu habe er angemerkt: „Da hast Du zwei Uhren, ich kann sie jetzt nicht brauchen, nimm sie einstweilen zu Dir. Aber wenn was ist, ich weiß nichts." Später habe Stopfer ihm gesagt, die silberne Uhr sei zwar auch gestohlen, aber er solle sich damit nicht „genieren", weil es eine „gemeine Uhr" sei und deshalb nicht leicht von vielen anderen zu unterscheiden. Daraufhin habe er sie, so Dantinger, „ungescheut getragen".

Dantinger zufolge sei der Unbekannte, mit dem Stopfer das Reindl'sche Anwesen betreten habe, am Abend des 12. März vor das Freischütz-Wirtshaus gekommen und habe ihn herausrufen lassen. Zusammen mit Stopfer habe er ihm eingeschärft, über den Vorgang vom Vortag strengstes Stillschweigen zu bewahren, sonst würden sie bei einer Untersuchung alles auf ihn schieben. Der Unbekannte habe eine Pelzmütze von Astrachan (Persianermütze) getragen und am Schluss gesagt: „Ich bin schon oft in München gewesen, aber man sieht mich sobald nicht wieder hier."

Was den blauen Mantel betrifft, den dieser Mann angeblich am Tattag getragen hätte, so hätte den jetzt Stopfer besessen. Dieser habe den Halskragen des Mantels abgetrennt und beim Faberbräu in den Abtritt geworfen. Dantinger bestritt, den Mantel verkauft zu haben oder bei dem Geschäft dabei gewesen zu sein. Stopfer habe ihm aber davon erzählt und ihm vom Erlös 1 Gulden 57 Kreuzer sowie Zigarren gebracht. Den Verkauf der goldenen Uhr an einen Kellner bestätigte Dantinger indes. Er gab zudem an, von Stopfer einen Schlüsselhaken für seine Geliebte Pepi und ein weißes Tuch erhalten zu haben. Letzteres habe er, nachdem er an der Ecke die Buchstaben „J. B. S." herausgerissen habe, ebenfalls an diese übergeben.

Das alles brachte Dantinger „ohne besondere Verlegenheit und Beklommenheit" ganz „ruhig und gemäßigt" vor. Doch machten seine Aussagen, der Presse zufolge, „einen schlimmen Eindruck auf das Publikum, welches den bleichen jungen Menschen [...] mit dem Typus jener früh verdorbenen Sprößlinge der Vorstadt Au, die ihre Laufbahn früher oder später in das Strafhaus führt, als einen verschmitzten, in seinen Zugeständnissen wohl berechnenden Heuchler zu betrachten anfing."

Nachdem sich Dantinger am Schluss seiner Verteidigungsrede vor dem Gerichtshof verbeugt hatte und auf seinen Platz zurückgekehrt war, kam der große Auftritt von **Joseph Stopfer**. Dazu aus dem zweiten Band der „Sitzungsberichte der bayerischen Strafgerichte" von 1850:

> „Stopfer, eine kleine untersetzte Figur, mit dunkelgelbem Gesichte, schwarzem Schnurrbarte, der ihm ein unheimliches Aussehen gab, und dem widerlichen Ausdrucke rohester Sinnlichkeit trat sofort mit großer Heftigkeit den Aussagen D.'s entgegen und entwickelte in einem längeren, gut gehaltenen Vortrage Geistesfähigkeiten, die es wahrhaft bedauern ließen, daß solche Gaben der Natur nicht zu besseren Zwecken waren verwendet worden."

Stopfer stellte jegliche Teilnahme am Mord strikt in Abrede und war – wie schon Dantinger – bemüht, alle Schuld auf seinen Mitangeklagten abzuwälzen. Dieser, so Stopfer, „wolle ihn nur hineinbringen", was umso leichter sei, da er im Gegensatz zum nicht vorbestraften Dantinger bereits von früherer Zeit her „schwarz angeschrieben" sei. So sei er in der Fronveste auch immer in Ketten gelegt worden, während Dantinger sich dort frei bewegen konnte und somit Zeit genug gehabt hätte, sich etwas auszudenken. „Das Ganze", so Stopfer, „geht darauf hinaus, daß derjenige, welcher nichts begangen hat, gestraft wird und der wahre Schuldige ungestraft von dannen geht; nach dem neuen Gesetze gibt es am Ende keine Täter mehr, sondern lauter Spähesteher."

Joseph Stopfer in einer anonymen Zeichnung vom Mai 1850

Dass Dantinger, wie angegeben, etwa 68 Schritte weit von der Wohnung des Professor Schwarz Spähe gestanden habe und beim Näherkommen eines Geistlichen einen Pfiff habe tun sollen, entbehre jeglicher Logik. Wie Stopfer aus der Untersuchung wisse, hätte es in der Wohnung des Kanonikus noch die in der Winterzeit üblichen Doppelfenster gegeben. Aus der besagten Entfernung hätte man in der Wohnung kaum das Abschießen eines Terzerols (kleine Vorderladerpistole) hören können, geschweige denn den Pfiff eines Spähers.

Die Aussage von Dantinger – der während Stopfers Rede spöttisch in sich hineinlachte oder den Redner grimmig ansah – würde also diesbezüglich keinen Sinn machen: „Wie kann man denn glauben, daß ich 60 Schritte vom Hause entfernt, wo es gar keinen Zweck hat, eine Spähe aufstelle?"

Ebenso wenig könne man wohl glauben, dass er, wenn er das Verbrechen wirklich begangen hätte, demjenigen, der Spähe gestanden habe, den bei weitem größten Teil der Beute geben, selbst aber nur sehr wenig für sich behalten würde. Alles, was Dantinger vorbringe, sei höchst unwahrscheinlich und würde bei Stopfer „große Torheit und Unvorsichtigkeit" voraussetzen. „Wie könnte man denn", fragte Stopfer, „in einer halben Viertelstunde" – denn so lange sollten er und sein Begleiter nach Dantingers Aussage im Haus des Professor Schwarz geblieben sein – „eine festgemachte Eisenstange ausbrechen, nach Einschlagung eines Fensters ins Flötz, von da in das Zimmer kommen, einen Menschen ermorden und berauben und unbemerkt wieder herauskommen?"

Er wäre, so Stopfer, völlig unschuldig und nie in der Wohnung des Kanonikus gewesen. Über seinen Aufenthalt am Vormittag des 11. März könne er genaue Auskunft geben. So habe er um acht Uhr Dantinger und Velasco beim Dultgässchen verlassen, unterwegs seinen Bekannten Franz Maier getroffen und diesen in ein nahes Wirtshaus begleitet. Um 8.45 Uhr sei er wieder nach Hause zurückgekehrt und von da aus zum Kleiderreiniger Schwab gegangen. Seine Joppe wäre Ende Februar bei der Rauferei beim Freischützwirt blutig geworden. Da seine Wunden, die er sich dabei zugezogen habe, immer wieder zu bluten anfingen, habe auch seine andere Wäsche und die besagte Weste etwas abbekommen.

Am Nachmittag des Tattages habe einer der Wurzer-Brüder beim Freischütz über die Ermordung des Kanonikus gesagt, es wäre „diese Tat auch ganz in der Ordnung, es dürfte noch 50 solche Fälle vorkommen, bis es recht würde." Im Übrigen habe er sich, so Stopfer weiter, an dem Nachmittag nicht wegen des Hinrichtungslieds („Vom goldnen Wastl") entfernt, sondern weil der Sänger das von Dantinger gewünschte Lied vor dem von ihm verlangten gesungen habe.

Von einem in einen blutigen Lumpen eingewickelten Stemmeisen, das bei Maria Hartl gefunden wurde, wisse er nichts. Zu dieser seien tagsüber und auch nachts „gar viel andere Mannspersonen auf's Zimmer gekommen". Wie könne man da behaupten, dass gerade er das Eisen dort versteckt habe? Überhaupt habe er gar nichts, auch nicht den dunklen Mantel, zur Hartl gebracht. Insofern sei auch seine angebliche Äußerung nach seiner ersten Verhaftung, es hätte eine schöne „Schmiere" (Verlegenheit, Peinlichkeit) geben können, wenn die Gendarmen das Paket entdeckt hätten, völlig abwegig.

Seine blutbefleckte Jägerjoppe hätte er schon lange vor dem 11. März zu Maria Hartl gebracht. Und die sei wegen des zerbrochenen Liebesverhältnisses ohnehin auf Rache aus und wolle ihn mit falschen Bezichtigungen ins Verderben bringen.

Dantinger sei es schließlich gewesen, der die silberne Uhr getragen und die goldene verkauft habe. Dieser habe auch den Schlüsselhaken, das Beichttuch und den besagten Mantel in seinem Besitz gehabt. Dass Dantinger kein Blut an sich gehabt habe, beweise gar nichts. Bei zwei Tätern hätte die Tötung auch so ablaufen können, dass einer der beiden nicht blutig geworden wäre.

Als der Schwurgerichtspräsident anmerkte, dass Dantinger zu all dem nur Gegenteiliges vorgebracht habe, rief Stopfer mit großem Pathos: „Ich bleibe bei der festen Wahrheit stehen, und wenn ich dabei zugrunde gehe, so sei es; Dantinger kann sich vielleicht hinauslügen, während ich unglücklich werde."

Trotz der oft schlüssigen Entlastungsaspekte, die Stopfer geltend machen konnte, wirkte seine Verteidigungsrede, die er „in reindeutscher Sprache“ hielt, über weite Strecken einstudiert. Überdies konnte er die Geschworenen mit seinem frechen Auftreten kaum für sich einnehmen.

Die Gerichtsreporter der Münchner Presse waren indes durchaus beeindruckt. So hieß es im „Volksboten für den Bürger und Landmann“ vom 14. März: „Er wußte alle Widersprüche in Dantingers Aussage so geschickt bloß zu legen, als nur ein Advokat es vermocht hätte.“ Und das „Münchener Tagblatt“ hatte am Vortag mit einer ähnlichen Einschätzung aufgewartet: „Er sprach mit solcher Sicherheit und Entschiedenheit, daß man entweder von seiner Unschuld überzeugt werden, oder ihn für den abgefeimtesten Bösewicht und geübtesten Verbrecher halten musste.“

Nach den Aussagen der zwei Angeklagten waren nun die vorgeladenen Zeugen an der Reihe. Von diesen waren 14 teils aus dem Zuchthaus, teils aus der Fronveste unter starker Bewachung zum Sitzungssaal gebracht worden.

Eröffnet wurden die Zeugenbefragungen aber mit der Anhörung der Schwester des Ermordeten, **Josepha Schwarz**. Diese brach gleich in lautes Schluchzen aus und musste sich auf einen Stuhl setzen. Die beiden Beschuldigten verzogen keine Miene, als sie die vorgelegten Gegenstände, darunter die zwei Uhren, das Mantelfutter und das Beichttuch, als die Besitztümer ihres Bruders identifizierte. Sie gab auch an, dass Joseph Stopfer vor über 20 Jahren als Neunjähriger zusammen mit seinen zwei Brüdern immer donnerstags Johann Baptist Schwarz aufgesucht und dabei von diesem jeweils eine Unterstützung erhalten hatte. Im Herbst 1848 habe Stopfer wieder vor ihrer Tür gebettelt, ebenso wie Dantinger wenige Tage vor der Tat.

Im Gerichtssaal traten nun zwei der wichtigsten Zeugen auf: die Augenzeuginnen **Wilhelmine Reindl** und **Maria Stangl**. Erstere, die Tochter des Kistlermeisters Reindl und Nichte des Mordopfers, gab an, dass sie am 11. März früh um „¾ auf 9“ (8.45 Uhr) im Hof des elterlichen Hauses am Brunnen gestanden habe. Von dort aus hatte man sowohl das Hoftor wie auch den Eingang zur Schwarz’schen Wohnung im Blick. Als sie auf einmal das Tor hatte knarren hören, habe sie „zwei Mannspersonen“ hinausgehen sehen. Der etwas

Kleinere habe einen grauen Rock mit stehendem Kragen aus grünem Tuch, der andere einen dunkelblauen Mantel mit halblangem Kragen und einen schwarzen Hut mit einem breiten Band getragen. Da sie die beiden nur von hinten gesehen hatte, hätte sie sie bei der seinerzeitigen Gegenüberstellung nicht eindeutig identifizieren können. Doch jetzt erkenne sie in Dantinger den Burschen, der eine Woche vor dem Tod ihres „Oheims" (Onkels) im Reindl-Anwesen mit stotternder Stimme nach einem Herrn Dimpel gefragt habe.

Maria Stangl, die Köchin einer in der Sonnenstraße 7 wohnenden „Dienstherrschaft" sagte aus, dass sie am Morgen des 11. März 1849 – „es schlug gerade halb 9 Uhr" – zwei „Mannspersonen, einen mit grauer Joppe und grünem Kragen", gesehen habe, die ins Haus des Kistlers Reindl gegangen seien. Einer habe auch den besagten Hut mit dem breiten Rand getragen.

Einen solchen „Demokratenhut" hatte nach Aussage des **Andreas Mayer**, Tischlergeselle bei Reindl, auch der Kerl auf, der eine Woche vor der Tat in seiner Werkstätte aufgetaucht war, sich mit stotternder Stimme nach einem geistlichen Herrn erkundigt und sich dann, „ohne den Hut zu rücken", wieder langsam entfernt hatte.

Dass er dabei den Hut nicht gerückt habe, bestritt daraufhin Dantinger auf das Entschiedenste. „Im Tone gereizter Empfindlichkeit" entgegnete er: „So viel Manier hab ich doch, um zu wissen, wo ich den Hut rücken muß."

Vom 11. März bis 13. März 1850 trat dann eine ganze Riege von weiteren Zeugen auf, so auch **Georg Sonndorfer**. Der „Schwager" Dantingers, Gefreiter im Regiment König, gab an, am 11. März 1849 gegen acht Uhr morgens Stopfer und Dantinger sowie den Korporal von Velasco an der Ecke des Dultgässchens gesehen zu haben. Dantinger habe sich dabei seiner Beobachtung zu entziehen gesucht, was ihn zu der Vermutung brachte, dass die drei etwas im Schilde führten. Stopfer habe eine graue Joppe, Dantinger einen „deutschen Hut" getragen. Um 11.30 Uhr habe er Dantinger wieder in der Sonndorfer'schen Wohnung getroffen, wo dieser „sehr tiefsinnig im Zimmer herumgegangen" sei. Das alles sei ihm so kurios vorgekommen, dass er am Tag darauf dem Gendarmen Scharl Dantinger und Stopfer als dringend Tatverdächtige anzeigte. Bei der ersten Festnahme der beiden sei Stopfer sehr erschrocken gewesen und Dantinger habe „an allen Gliedern gewackelt".

Der 36-jährige Gendarmerie-Brigadier („Brigadier" war die erste Beförderungsstufe, die ein einfacher Gendarm seinerzeit erreichen konnte. Der nächsthöhere Dienstgrad war „Wachtmeister") **Johann Nepomuk Scharl** sagte aus, am 11. März des vergangenen Jahres, mittags um 11 Uhr von der Tat gehört zu haben. Er habe nach der Freilassung Stopfers aus dem ersten Gewahrsam weiter nachgeforscht und später auch Maria Hartl als mögliche Mittäterin arretiert. Diese habe ihm die Jägerjoppe Stopfers übergeben und erzählt, dass sie das Mantelfutter der Schneiderfrau Lerch geschenkt habe; dort habe er es dann beschlagnahmt. Weiter habe er Kunde erhalten, dass der Mantel nach Solln gekommen sei. Die zwei aus dem Mantel gefertigten Spenser (Kurzjacken) seien dann von der Gendarmeriestation Planegg hierher geschickt worden. Als nun Stopfer im Gerichtssaal die graue Joppe mit grünem Kragen und die zwei aus dem blauen Mantel gemachten Spenser vorgezeigt wurden, erkannte er die Jacke als die seinige und meinte zu den zwei Jäckchen lediglich, sie hätten wohl die gleiche Farbe wie der Mantel.

Auch Stopfers seidene Atlasweste wurde im Gerichtssaal präsentiert. Diese hatte Stopfer ja am 12. März, einen Tag nach der Tat, zum Kleiderreiniger Max Schwab gebracht. Dessen Magd **Maria Warnberger** sagte aus, dass beim Waschen dieser Weste im „Putzschäffel" das ganze „Schaff Wasser" dunkelrot geworden sei und es ihr gegraut habe.

Dass, wie von Stopfer behauptet, das Blut auf dem Gilet von der Rauferei Ende Februar stamme, wurde durch die Aussage seines Stubengenossen, des Schneidergesellen **Lorenz Vest**, widerlegt. Der bezeugte zwar, dass die Weste nach der Rauferei ganz blutig gewesen sei, er sie aber mit Bestimmtheit vor dem 11. März, also dem Tag des Mordes, schon wieder in schön geputztem, also gereinigtem Zustand gesehen habe.

Dr. Franz Xaver Kopp, „königlich bayerischer Kreis- und Stadtgerichts-Physikus und Polizei-Arzt der Haupt- und Residenzstadt München", erklärte denn auch, dass die Kopfwunde Stopfers, die er bei der Rauferei davongetragen hatte, nicht als Ursache für die Blutflecken auf der Atlasweste infrage käme.

Die Branntweinerin **Maria Schlecht**, die „Mietfrau" Stopfers, sagte aus, dass dieser vor der Tat ein ziemlich großes Metzgermesser besessen habe, das sie nach dem 11. März nicht mehr bei ihm gesehen habe. Ihrer Meinung nach würde es sehr gut in die ihr vorgelegte Papierscheide passen, welche bei dem Leichnam gefunden wurde. Andere Zeugen bestätigten, dass Stopfer sein Metzgermesser mit braunhölzernem Hefte zwei Wochen vor dem 11. März noch zum „Pflasteraufstreichen" (Auflegen eines Pflasters auf eine Wunde) benutzt habe. Beim Vorzeigen dieser Scheide aus dem Zeitungspapier der „Neuesten Nachrichten" erklärte laut „Bayerischer Landbötin" vom 13. März 1850 Stopfer mit „ungemeiner Frechheit", dass „auch ihm da ein Messer eingewickelt gewesen zu sein scheine, daß aber sein Messer, das ihm, ohne daß er es wisse wie, abhandengekommen sei, da gar nicht hineinpasse, indem es viel zu groß wäre."

Der Freischützwirt **Xaver Wolker** kannte die beiden Angeklagten als einst tägliche Gäste. Sie hätten öfters untereinander die Kleider getauscht. So habe er bald den einen, bald den anderen mit einer Jägerjoppe bekleidet, nie aber beide zugleich in solcher Kleidung angetroffen. Nach dem Mord an Schwarz habe er die Joppe nicht mehr an ihnen gesehen. Als Grund gab ihm Dantinger an, dass die Träger von Jägerjoppen verdächtig seien und „alle zusammengefangen" würden. Dazu meinte Stopfer nun vor Gericht, er hätte seine Joppe auch deshalb nicht mehr getragen, weil er in den „Neuesten Nachrichten" gelesen habe, dass alle Diebe Jägerjoppen tragen, und er „habe für keinen Dieb angesehen werden wollen."

Außer beim Freischütz waren Stopfer und Dantinger auch häufig bei der „Kaffeesiederin" **Rosina Forster** eingekehrt. Diese sagte jetzt aus, dass Dantinger in der Zeit vor dem Mord „sehr heiter", danach aber meistens traurig gewesen sei und über Unwohlsein geklagt habe. So habe er, hinter dem Ofen sitzend, immer über Frost geklagt. Auf seinen Wunsch hin habe sie ihm zur Stärkung auch am Tag nach dem Mord abends Kaffee in das Freischütz-Wirtshaus hinübergeschickt. Stopfer hingegen sei sich immer gleich geblieben.

Nothburga Hartl, die Schwester der Maria Hartl, war in diesem Verfahren keine Beschuldigte, sondern die erste Zeugin aus der Riege der Häftlinge. Man hatte sie „zum Zwecke ihrer Vernehmung von Kaisheim“, wo sie sich gerade in Polizeihaft“ befand, nach München gebracht. Sie weinte aus Scham, konnte aber bestätigen, dass Stopfer ihr am 11. März um 11.30 Uhr in Maria Hartls Wohnung aufgetragen hatte, bei ihrer Schwester Maria einen Däumling für ihn zu bestellen. Stopfers Finger sei da bereits mit einem schmutzigen „Leinwandfleckchen“ umwunden gewesen.

Auf diese Aussage hin meinte Stopfer, „daß das Fleckchen um seinen Finger schmutzig gewesen [sei], beweise eben, daß es schon lange am Finger und er schon lange mit der Wunde behaftet gewesen sei.“

Maria Hartl, welche anfangs als mögliche Unterstützerin des Täterduos sogar kurze Zeit im Untersuchungsgefängnis, der Angerfronveste, verbracht hatte, gab zu Protokoll, dass ihr ehemaliger Geliebter Stopfer am 12. März des vergangenen Jahres zwischen neun und zehn Uhr vormittags, nachdem er sich längere Zeit nicht mehr bei ihr hatte sehen lassen, wieder zu ihr gekommen sei und ihr eine mit Blut bespritzte Joppe zum Waschen gebracht habe. Tags darauf, am 13. März, habe er ihr ein blutiges Sacktuch zur Reinigung gegeben. Sie habe sich bei „einem Bekannten darüber geäußert, daß es ihr sonderbar vorkomme, wie Stopfer, nachdem er längere Zeit nichts von ihr gewollt habe, nun auf einmal zu ihr komme, damit sie ihm seine Joppe und Sacktuch wasche.“ Maria Hartl erwähnte ferner, dass sie sich danach wiederholt mit Stopfer, der öfters die „Neuesten Nachrichten“ gekauft hatte, getroffen und von ihm auch das besagte Paket mit dem blauen Mantel erhalten habe.

Joseph Stopfer entgegnete vor Gericht, er könne sich nicht erinnern, einen solchen Pack Hartl gegeben zu haben, doch habe er ihr häufig Wäsche zum Waschen vorbeigebracht. Die Joppe sei aber am 25. Februar bei der Rauferei im Freischütz-Wirtshaus blutig geworden. Von einem „Sergeanten“ wäre er dabei so heftig am Kopf verletzt worden, dass ihm das Blut über den ganzen Körper herabgeflossen sei. Im Übrigen seien Hartls Angaben aus der Luft gegriffene Lügen, sie rede aus Eifersucht und er habe dieselbe auch schon mehrmals „anlaufen lassen", sie also zum Narren gehalten bzw. hintergangen.

Maria Hartls „Mietfrau", die 62-jährige, schon etwas schwerhörige **Barbara Huber** erzählte nun, dass sie Mitte März letzten Jahres beim „Ausputzen" der Wohnung im Flötz eine Art Meißel, eingewickelt in einen Lumpen voll mit vertrocknetem Blut, entdeckt habe. Nach ein paar Tagen habe sie den Stopfer gefragt, ob er das Eisen da hingetan habe, worauf sie aber keine Antwort erhalten habe. Auf ihre Bemerkung, dass er das ja, wenn er nichts zu befürchten habe, in seiner eigenen Kammer deponieren hätte können, meinte der: „Sie haben recht." Sie aber hätte nachgehakt: „Woher kommt es denn, dass der Lumpen so blutig ist?" Stopfer habe darauf entgegnet: „Das kömmt von der Rauferei beim Freischütz, wo sie meine Hand verbunden haben." Nach einigen Tagen waren das Stemmeisen und der Lappen verschwunden.

Als Stopfer vom Präsidenten aufgefordert wurde, zu den Aussagen Hubers Stellung zu nehmen, meinte er, dass er nie mit ihr gesprochen habe und es ohnehin für nicht der Mühe wert halte, „mit einem alten tauben Weibe eine halbe Stunde zu schwatzen."

Josepha Sonndorfer, genannt „Pepi", bestätigte anschließend als Zeugin alle bisherigen Aussagen, die hinsichtlich Dantingers Verhalten ihr gegenüber gemacht wurden. So habe er ihr etwa nach seiner ersten Verhaftung über die Freischützwirtin seinen Geldbeutel und seinen Schlüssel zukommen lassen und sie angewiesen, seine Wohnung nicht anzugeben. Zudem habe er ihr aus dem Arrest brieflich mitgeteilt, sie solle wegen seiner silbernen Uhr aussagen, dass sie gesehen hätte, wie er diese beim Stiefelwirt von einem Studenten gekauft habe. Sie habe auch ein weißes Tüchlein von ihm erhalten, das sie in zwei Teile zerriss, um daraus für das gemeinsame Kind ein Hemdchen zu fertigen. Eine Ecke des Tuchs habe gefehlt. Auf die Frage, warum er diese abgerissen habe, hätte er gesagt, er müsse damit „hängen geblieben sein".

Diese nun dem Gericht vorliegenden zwei Teile identifizierte Josepha Schwarz als das bei dem Raub entwendete Beichttuch bzw. Leintuch ihres Bruders.

Während Dantingers erster Inhaftierung hätte sie, so Pepi, auch die Maria Hartl getroffen. Die habe ihr gesagt, dass sie eine blutige Joppe gewaschen habe und das der Polizei zur Anzeige bringen wolle.

Die Jacke sowie die aus dem blauen Mantelstoff gemachten Spenser waren aber nicht die einzigen Beweisstücke, die dem Gericht dank des hartnäckigen Nachspürens des Brigadiers Scharl vorlagen. Er hatte auch das Mantelfutter (bei Barbara Lerch) und die silberne Uhr (bei Dantingers Mutter) ausfindig gemacht.

Das herbeigeschaffte Mantelfutter identifizierte nun der emsig prüfende Schneidermeister **Anton Haas** als das des Kanonikus. Er habe es einst ausgebessert. Bei den auf dem Boden des Saals ausgebreiteten Teilen fehle kein Haar, so der Schneider. Darauf rief Stopfer: „Es fehlt kein Haar, aber ein Eck!" Worauf sich der Schneider entrüstete: „Spotten auch noch!"

Mit derselben Bestimmtheit erkannte auch die Uhrmacher-Witwe **Anna Liebhart** die ihr vorgelegte silberne Uhr als diejenige, welche Josepha Schwarz im Dezember 1848 bei ihr als Weihnachtsgeschenk für den Bruder gekauft hatte. Diese silberne Sackuhr war ja bei Dantingers Mutter gefunden worden.

Georg Seidenader, ein Kellner aus Augsburg, sagte aus, dass er und Dantinger im März des vergangenen Jahres im selben Haus in der Au gewohnt hätten und ihm dieser eine goldene Repetieruhr (eine Taschenuhr mit Repetierwerk, die bei einem Druck auf einen Knopf die Zeit akustisch angibt) zum Kauf angeboten habe. Die hätte er für 14 Gulden erworben und sie danach um 18 an einen Unbekannten verkauft.

Dr. Georg Winterhalter, praktischer Arzt in München, gab an, dass er Dantinger sehr wohl wegen einer Hodenentzündung behandelt habe, „allein daß dieser am 9. März fast vollständig hergestellt war." Der Schüttelfrost, der Dantinger am 11. März 1849 nachmittags überfallen haben soll, könne also keinesfalls eine Folge jener Krankheit gewesen sein. Nach dem 11. März seien Stopfer und Josepha Sonndorfer zu ihm gekommen und hätten ein ärztliches Zeugnis verlangt, das er aber nicht habe ausstellen können.

Das gemeinsame Aufsuchen des Arztes mit Stopfer bestätigte Josepha Sonndorfer. Sie habe „ein Zeugniß darüber gewollt, daß der damals beim Landgerichte verhaftete Dantinger nicht venerisch sei." Damit sollte ausgeschlossen werden, dass es sich bei der angegebenen Hodenentzündung nicht in Wirklichkeit um die „Venusseuche", also die Syphilis, handelte.

Der Schuhmachergeselle **Franz Maier** wurde als 47. Zeuge aufgerufen. Er räumte ein, am fraglichen Sonntagvormittag, den 11. März 1849, doch nicht, wie von ihm in der Voruntersuchung fälschlich behauptet, den Joseph Stopfer getroffen zu haben. Zu den nunmehr zutreffenden Ausführungen habe ihn sein schlechtes Gewissen getrieben. Daraufhin meinte Stopfer, der Maier habe seine Aussage, ihn an jenem Sonntagvormittag gesehen zu haben, nur zurückgenommen, „um nicht für einen Teilnehmer an dem Morde zu gelten."

Seine früheren Angaben über die Unterhaltungen von Joseph Stopfer und Johann Baptist Sonndorfer während der Untersuchungshaft in der Fronveste bekräftigte hingegen **Alois Haser**. Der einstige Ouvrier, gegenwärtig schon wieder im Arbeitshaus einsitzend und daher in „Büßerkleidung" vorgeführt, bestätigte erneut, dass die beiden im Mai und Juni 1849 übers Ausbrechen gesprochen hätten. Auf die Frage des Rechtskonzipienten Mayr, wer denn die Brechwerkzeuge gebracht hätte, versicherte Haser, dass es ein Soldat vom zweiten Regiment gewesen sei.

Stopfer bestritt, dass ihm „Instrumente zum Ausbrechen verschafft worden seien". Zudem hätte man nicht hören können, was in seiner Arrestzelle gesprochen wurde. Er sei vom Fenster entfernt gewesen. Haser sei als Auskundschafter begünstigt worden und habe als Häftling und aus der Stadt Verwiesener dennoch ausgehen dürfen. Einem solchen Günstling sei nicht zu trauen.

Der vereidigte und wegen Diebstahls abermals in Untersuchungshaft sitzende Schneidergeselle **Johann Baptist Sonndorfer** behauptete gleichfalls, dass die Angaben Hasers alle falsch seien. Den Denunzianten habe der Assessor Weichsler „angelernt", was er sagen müsse. Ihm, so Sonndorfer, habe Stopfer nichts gestanden, vielmehr habe er seine Unschuld beteuert. Wer sage, Stopfer habe seine Schuld bekannt, sei ein schlechter Mensch.

Dann trat ein neuer, von Brigadier Scharl noch ausfindig gemachter Zeuge vor: der 16-jährige Müllerjunge **Max Hofbauer** von der Kälblmühle. Dieser gab an, seine Beobachtung nicht eher mitgeteilt zu haben, da er die „Laufereien“ bei Gericht gefürchtet habe. Am 11. März 1849 habe er gegen elf Uhr Bier vom Buttermelchergarten geholt und sei dabei auf den ihm von Giesing her bekannten Dantinger gestoßen. Der sei sehr blass gewesen und habe einen blauen Mantel angehabt, der ihm viel zu lang war, sodass er ihn ständig „aufheben“ musste. Dantinger sei in Begleitung eines ihm unbekannten Mannes mit Schnurrbart gewesen, der eine Jägerjoppe getragen habe. Der Unbekannte habe sich beim Kanal am Buttermelchergarten gebückt; ob er dabei etwas hineinwarf, habe er nicht sehen können.

Die beiden Angeklagten widersprachen dieser Aussage, obschon gemutmaßt wurde, dass sie bei der Begegnung mit dem Müllerjungen auf dem Weg zur Rumfordstraße gewesen seien, wo die Wäscherin Karolina Stopfer (Joseph Stopfers Schwester) wohnte. Für die Angeklagten und gegen die Aussage des Jungen sprach indes die Versicherung des Freischützwirts und seiner Kellnerin, dass Stopfer und Dantinger erst nach elf Uhr ihr Wirtshaus verlassen hätten.

Für einen Paukenschlag sorgte dann der Zeuge **Peter Haselbauer**, der gegenwärtig wieder wegen Diebstahls in Haft war. Er behauptete Ungeheuerliches: Seine früheren Anschuldigungen gegen Stopfer seien alle falsch und die zu Maria Hartl richtig. Er sei „angelernt“ worden, drei diesbezügliche Protokolle zu unterschreiben, ohne deren Inhalt zu kennen. Anderenfalls hätte man ihm mit dem Zuchthaus gedroht. Für die schriftlich niedergelegten Aussagen habe ihm der Untersuchungsrichter, Assessor Weichsler, drei Gulden gegeben.

Daraufhin kündigte der Staatsanwalt an, gegen den Zeugen ein Meineidsverfahren einzuleiten. Der Präsident hielt Haselbauer zudem vor, mit Mitgefangenen ein Komplott gegen Weichsler geschmiedet zu haben, und erinnerte ihn an seinen Eid.

Haselbauer entgegnete, auf seine Aussage könne er „leben und sterben", sich dafür also mit seinem Leben verbürgen. Unterstützt wurde er hier von Stopfer, der „Gott zum Zeugen" anrief, dass er oder Zeuge nie eine Verschwörung gegen Weichsler angezettelt hätten. Mit Haselbauer habe er zudem nie verkehrt, er kenne ihn ja gar nicht! Und solch einem unbekannten Menschen würde er doch nicht von der Tat erzählt haben, wenn er sie wirklich begangen hätte.

Heftiger Widerspruch kam an dieser Stelle von Maria Hartl. Sie erklärte an Eides statt, dass Haselbauers Angaben „lauter Lügen" seien. Sie habe im Arrest in der Fronveste nie mit ihm gesprochen, auch nicht sprechen können, „weil ihre beiden Zellen zu weit voneinander entfernt, ja in verschiedenen Stockwerken gelegen seien."

Dazu befragt, gaben zwei vorgeladene Wärter der Fronveste an, dass eine Kommunikation vom ersten in den zweiten Stock bzw. zwischen weit voneinander entfernten Keuchen durchaus möglich sei und auch häufig geschehe, allerdings nur „durch Vermittlung von dazwischen befindlichen Gefangenen".

Von den Häftlingen in der Fronveste stellten sich aber nicht nur Johann Baptist Sonndorfer und Peter Haselbauer als Entlastungszeugen für Stopfer zur Verfügung. Auf dessen Antrag hin untermauerten fünf weitere Personen Haselbauers Behauptungen über Maria Hartl. Einer davon wollte etwa von ihr persönlich gehört haben, dass Stopfer ein „Zuchthauskerl" sei und sie ihn aus Rache an den Galgen bringen würde.

Maria Hartl bestritt das alles unter Eid und versicherte, nie mit diesen Personen, die damals mit ihr im Untersuchungsarrest gesessen hatten, gesprochen zu haben.

Entlastungszeugen konnte aber nicht nur Stopfer aufbieten. So widerrief nun **Martin Probst**, der 36-jährige Maurer und Tagelöhner aus der Au, der dort augenscheinlich einer der berüchtigsten Diebesbanden angehörte, vor Gericht seine in der Voruntersuchung in der Fronveste gemachten Angaben, die Dantinger belastet hatten. Jetzt bezeichnete er Dantinger als „ordentlichen Burschen". In der Haft habe er nur gehört, wie die beiden Angeklagten einander zuriefen, dass sie unschuldig seien und dass Dantinger den Mantel von einer unbekannten Person gekauft habe. Als er seinerzeit seine Aussagen unterzeichnen sollte, habe er sie schon damals widerrufen und darauf bestanden, dass diese Protest-Erklärung ins Protokoll übernommen werde. Erst danach habe er das Dokument unterschrieben.

Als der Schwurgerichtspräsident den Zeugen Probst, der immer noch wegen Diebstahls in Untersuchungshaft war, an die Folgen eines Meineids erinnerte, stand plötzlich Dantinger auf und rief, dass er nie etwas zum Probst gesagt habe. Das reklamierte auch Stopfer für sich. Probst hingegen blieb bei seiner gerade gemachten Darstellung.

Als Nächster bezeugte der „Eisenmeistersgehilfe" (Gefängnisaufseher) **Ignaz Braun**, dass er im Strohsack von Ludwig Dantinger Briefe entdeckt und konfisziert hatte, in denen zur Suche nach falschen Zeugen aufgefordert wurde. Zwei der Briefe, und zwar an die Geliebte und die Eltern, wurden im Gerichtssaal verlesen. Dantinger räumte ein, diese geschrieben zu haben, „um die Untersuchung zu beschleunigen".

Dazu wurde nun **Sepp Henlein**, ein weiterer Mitgefangener aus der Fronveste, den man gemeinhin „Napoleon" nannte, befragt. Der berichtete, dass er in der Haft oft mit Dantinger gestritten habe, und zwar wegen „Weibsbildern". Dantinger habe auch öfters Briefe geschrieben und „hinabgeworfen".

Eine weitere Mitgefangene, die 16-jährige Näherin **Barbara Bornlachner** bestätigte, in der Fronveste zwischen Stopfer und Dantinger als Mittelsperson fungiert zu haben. Sie war eine der letzten Personen, die als Zeugin befragt wurde.

In der „Augsburger Postzeitung" vom 15. März hieß es zur Vernehmung der Zeugen und Zeuginnen:

> „Das Zeugenverhör ward beendet. [...] Die Widersprüche jener Zeugen, welche man aus Arbeitshäusern und andern Gefängnissen herbeigeholt, haben die Frechheit der beiden kecken Verbrecher noch vermehrt. Besonders zeichnet sich hierin Stopfer aus, der freilich mehrere Jahre Zeit gehabt, auf der hohen Schule zu Kaisheim seine Studien zu machen."

Der „Bayerische Eilbote" schlug am gleichen Tag in dieselbe Kerbe und betonte Stopfers bravouröse Vorstellung:

> „Das Hauptaugenmerk richtet sich auf Stopfer, der mit unglaublicher Schärfe des Verstandes jede Aussage, die gegen ihn beweisen könnte, zurückweist; in der That macht derselbe seinem Vertheidiger schweres Spiel, da demselben fast gar nichts zu sagen übrig bleibt."

Der Verteidiger Dr. Eugen Schneider hatte aber durchaus noch etwas zu sagen, nur fehlte es dafür wegen der Vielzahl von Zeugen an Zeit. Das Gleiche galt auch für die Anklage. Demzufolge wurde die Schwurgerichtssitzung notgedrungen um einen Tag verlängert. Somit konnte auch das Urteil erst am vierten Sitzungstag, den 14. März 1850, gefällt werden.

Verkündung der Urteile

An diesem Donnerstagmorgen hatten die sensationslüsternen Münchner die Qual der Wahl. Bei einem Weinwirt war nämlich durch ein glühendes Rohr, das zu nahe an einem Balken vorbeilief, ein Großbrand ausgebrochen. Dazu schrieb „Die Volksbötin“:

> „Diejenigen, welche [...] in jener Gegend waren, befanden sich in einer Lage, die für einen geborenen Münchner höchst peinlich ist; auf der einen Seite brachte man Stopfer und Dantinger [...] in die alte Akademie zum Schwurgericht – auf der andern Seite fing es an zu brennen! – wohin laufen? Den Stopfer sehen oder den Brand? Viele befanden sich wirklich einige Zeit lang in jener kritischen Lage, in welcher Herkules am Scheideweg stand. Doch war die Zahl der Neugierigen so groß, daß beide Unglücks-Schauplätze überfüllt wurden.“

Nach Ansicht der „Neuesten Nachrichten“ waren aber einige dieser Neugierigen im Gerichtssaal fehl am Platze:

> „Wir fanden auch [...] andere h o h e Personen dort – die Herren Reichsräthe. Abgesehen von der ungerechten Bevorzugung, da sämmtliche Beamten, Juristen, Mediciner, auch die Herren Abgeordneten der 2. Kammer, sich in dem dichten Gedränge des abgegrenzten Raumes aufhalten und bewegen müssen, muß man unwillkürlich sich die Frage aufwerfen, ob denn in dem innern nur für das Gericht bestimmten Raume auch zum Gerichte nicht gehörende, nur zu ihrer Unterhaltung erscheinende Personen Platz finden dürfen? Stört es nicht die hohe Würde des Gerichtes, wenn man Vergnügen und die ernste Frage über Leben und Tod auf einem Raum vereinigt sieht?“

Am Vormittag des 14. März 1850 hob der königliche Staatsanwalt Freiherr von Dürnitz zu seinem fast vierstündigen Plädoyer an. Eingangs bemerkte er, es sei wohl erklärlich, dass „die gesamte Bewohnerschaft Münchens dem Urteil auf das gespannteste" entgegensehe. Schließlich „ist noch keine ruchlosere That menschlicher Verdorbenheit in diesem Saale zur Sprache gekommen." Dieser sei ein Mann zum Opfer gefallen, „der für die ganze Menschheit nur Liebe und Wohlwollen hatte." Er habe, so von Dürnitz, selbst den Kanonikus Professor Schwarz kurze Zeit als Lehrer gehabt und könne so mit Bestimmtheit behaupten, dass dieser von größerer Statur als Dantinger gewesen sei. Insofern sei allein schon die Aussage, dass Dantinger kurz nach der Tat in einem blauen, ihm zu langen Mantel gesehen worden sei, überaus relevant.

Anschließend ging von Dürnitz auf alle Zeugenaussagen im Detail ein. Dabei stellte er besonders die Rolle der Maria Hartl heraus. Sie habe ja selbst oftmals ihre Liebhaber gewechselt und es sei deshalb völlig abwegig zu glauben, dass für ihre belastenden Aussagen über Stopfer lediglich kleinliche Eifersucht die Triebfeder gewesen sei.

Im Gegensatz dazu seien etwa die jetzigen Angaben Haselbauers völlig unglaubwürdig. „Ein Mensch, der sich nicht entblödet, die Geschworenen glauben machen zu wollen, daß ein Beamter, wie Weichsler, die Unterschrift eines Protokolls mit etlichen Gulden erkauft hätte, was kann ein solcher für einen Glauben finden?"

Den Zeugenaussagen zufolge und nach Analyse aller Ermittlungsergebnisse könne man, so der Staatsanwalt, nur zu einem Schluss kommen: beide Angeschuldigten wegen „qualifizierten Mordes" zu verurteilen. Als solcher galt ein Tötungsdelikt, das „mit Vorbedacht beschlossen" bzw. „mit Überlegung ausgeführt" wurde. Die Tat sei nicht wegen „aufwallender Hitze", sondern aus „kalter Berechnung" geschehen. Dafür spreche schon der Umstand, dass das als Mordwerkzeug dienende Messer mitgebracht und nicht etwa zufällig in der Wohnung vorgefunden wurde.

Dass bei Stopfer ein solcher Vorsatz gegeben war, wies am Nachmittag dessen Verteidiger, der Stadtgerichtsaccessist Dr. Eugen Schneider, in seiner zweistündigen Replik zurück, nachdem er anfangs Presseberichte und Flugschriften, die die Angeklagten schon vor dem Prozess als Schuldige bezeichneten, ebenso kritisierte wie die anonymen Drohbriefe, die er als Verteidiger erhalten hatte.

Gesetzt den Fall, so Schneider, die beiden Angeklagten seien nun tatsächlich in die Wohnung von Professor Schwarz eingedrungen, dann wäre die Ermordung „nur in Folge einer furchtbaren Gemüthsaufregung“ geschehen. Schließlich seien sie nicht in Mord-, sondern in Raubabsicht eingestiegen und von der Anwesenheit des Kanonikus, den sie außer Hause wähnten, völlig überrascht gewesen. Insofern liege hier höchstens ein schwerer Raub, nicht aber ein vorsätzlicher Mord vor.

Es tue ihm leid, so Schneider, dass er nun „das schöne Bild, das der Hr. Staatsanwalt entworfen, und das von den Arrestanten gegebene künstliche Gewebe dennoch im Interesse der Menschheit zerreißen müsse.“ In der Folge nahm er sich Punkt für Punkt vor, um die Schuld Stopfers zu widerlegen.

So liege etwa von Stopfer weder ein Geständnis vor, noch habe man bei ihm – anders als bei Dantinger – einen Teil der entwendeten Gegenstände gefunden. Unwahrscheinlich sei es auch, dass Stopfer mit einer blutbefleckten Joppe vom Tatort in seine Wohnung hätte gehen können, ohne auf der Straße aufzufallen. Und dass Stopfer beim Absingen des Hinrichtungsliedes die Gaststube im Freischütz-Wirtshaus wütend verlassen habe, spreche höchstens für dessen guten Geschmack. Er als Verteidiger würde auch keine Hinrichtungsgeschichte in Liedform hören wollen!

Bei der Zeugin Maria Hartl, die ihre Aussagen immer mit den Worten „Er mag mich nicht mehr“ begleite, liege wohl doch Eifersucht vor. Und schließlich hätten weder Wilhelmine Reindl noch Maria Stangl den Stopfer bei der Gegenüberstellung erkannt. Dessen Anwesenheit am Tatort sei also nicht nachgewiesen.

Danach war der Rechtskonzipient Carl Mayr an der Reihe, seinen Mandanten Dantinger zu verteidigen. Mayr wies auf die sich teils widersprechenden Zeugenaussagen hin und betonte, dass man an Dantinger – anders als an Stopfer – keinerlei Blutspuren hatte feststellen können. Dieses Argument hatte der Staatsanwalt aber schon vor seinem Plädoyer damit entkräftet, dass Dantinger das Opfer wohl an den Füßen gehalten habe.

Im Übrigen sei es, so Mayr, verwunderlich, dass das Treffen der beiden Angeklagten am Morgen des Tattags Verdacht erregt habe, nicht aber die Anwesenheit des Korporals von Velasco. In der Tat fragten sich viele, warum dieser offenbar geschützt wurde und nicht als Zeuge vorgeladen worden war. Immerhin hatte er sich am Mordtag nicht nur vor-, sondern auch nachmittags mit Stopfer und Dantinger getroffen. Man mutmaßte, dass er diese Sonderbehandlung seiner Zugehörigkeit zum Militär, dessen Ruf nicht in Mitleidenschaft gezogen werden sollte, zu verdanken hatte.

Die diesbezügliche Frage eines Geschworenen beantwortete der Gerichtspräsident mit dem Hinweis, dass die Aussagen des Korporals bereits in der Voruntersuchung ausreichend geprüft worden seien.

Was nun die Briefe Dantingers aus dem Gefängnis angehe, seien diese, Mayr zufolge, der misslichen Lage seines Mandanten geschuldet gewesen. Dieser glaubte damals, jedes Mittel ergreifen zu müssen, um zu beweisen, dass er die Wahrheit gesagt habe. Mit Hinweis auf die Jugend Dantingers und dessen sonst guten Leumund bat Mayr abschließend, dem Antrag des Staatsanwalts kein Gehör zu schenken.

Von Dürnitz ergriff daraufhin ein weiteres Mal das Wort und betonte, dass schon allein die auf den Einbruch verwendete Zeit auf Vorsatz schließen lasse. Das wiederum wies Stopfers Verteidiger Dr. Schneider zurück und schloss mit den Worten: „Meine Herren Geschworenen! Wenn sie den leisesten Zweifel haben, sprechen sie das NICHTSCHULDIG aus."

Als der Präsident im Anschluss daran die Angeklagten fragte, ob sie den Ausführungen ihrer Verteidiger noch etwas hinzuzufügen hätten, beteuerte Dantinger nochmals seine Unschuld. Für den Fall einer Verurteilung meinte er: „Ich sterbe nicht als Mörder, sondern als Märtyrer."

Um 19 Uhr zogen sich die Geschworenen zur Beratung zurück. Nach eineinhalb Stunden stand das Urteil für beide fest: „schuldig des qualifizierten Mordes". Die Tat sei von Stopfer zwar nicht mit Vorsatz, aber mit Überlegung ausgeführt worden. Und bei Dantinger hieß es, der Angeklagte sei „schuldig, verabredetermaßen solche Hilfe dabei geleistet zu haben, ohne deren Anwendung die Ermordung nicht möglich gewesen wäre."

Bei der Urteilsverkündung zeigte Joseph Stopfer keinerlei Regung. Gefragt, ob er darauf etwas entgegnen wolle, sagte er in betont gleichgültiger Weise: „Nein, jetzt nicht; ich behalte mir eine spätere Erwiderung vor."

Ludwig Dantinger indes war beim Verlesen des „Wahrspruchs" der Geschworenen ganz blass geworden. Mit zittriger Stimme ersuchte er den Schwurgerichtspräsidenten, vortreten zu dürfen, was ihm auch gestattet wurde. Im Gerichtssaal herrschte eine ungeheure Spannung und völlige Stille. „Es war ein erschütternder Moment in dem feierlich-stillen hellerleuchteten hohen Saale. Dantinger ging von der Estrade herab gegen die Geschwornen und, indem die Kniee [sic] ihm brachen, sprach er zu Boden gesunken, mit kleinlauter Stimme gegen sie hin", so die Münchner Presse wie auch z. B. das „Augsburger Tagblatt", die „Neue Fränkische Zeitung oder die „Magdeburgische Zeitung" in ihren diesbezüglichen Berichten vom 16. bis 19. März 1850.

Seine dort und in vielen anderen Blättern wortwörtlich abgedruckte Bitte an die Geschworenen lautete:

> „Meine Herren Geschwornen! Verzeihen Sie, daß ich noch zu sprechen wage. Mein Leben ist in Ihrer Hand, das Todesurtheil ist nun gesprochen. Sie wissen, daß ich Mörder bin, und daß ich dabei betheiligt bin, so bitt ich Sie mit aufgehobenen Händen, daß ich auch wirklich bald aufs Schaffot komme"!

Danach kehrte Dantinger tief gebeugt auf die Anklagebank zurück, auf der Stopfer während dieser Szene ungerührt verharrt hatte.

Alles andere als ungerührt hatte sich dabei das Publikum gezeigt. Als Dantinger niederkniete, stürzte es massenweise „auf die Erhöhung vor und drängte sich bis dicht zum Tische der Vertheidiger hin."

Daraufhin zog sich der Gerichtshof zur Bestimmung der Strafe zurück. Um zehn Uhr abends verkündete der Schwurgerichtspräsident Freiherr von Hofstetten das Strafmaß für beide Angeklagten: Tod durch das Schwert! Stopfer zeigte dabei keinerlei Regung, während Dantinger „weinte und schluchzte".

Todesurtheil

vom Schwurgerichtshofe am 14ten März 1850, Abends 10 Uhr.

Ludwig Dantinger u. Joseph Stopfer sind angeklagt am 11ten März 1849 Vormittags ½ 9 Uhr in verabredeter Verbindung u. gegenseitiger Hilfeleistung, den Profeßor u. Kanonikus J. B. Schwarz mit einem scharfschneidenten Messer zwischen dem Unterkiefer, Kehl- u. Schlundkopfe eine Querschnittwunde von 4 Zoll 8 Linien Länge, u. den Hals bis auf die Wirbelknochen durchschneidend, welche den Tod des Verletzten unmittelbar zur Folge hatte, in eigennützger Absicht, u. diese Handlung mit Vorbedacht beschloßen u. ausgeführt, somit das Verbrechen des qualifizirten Mordes begangen zu haben. Nachdem die öffentliche Sitzung 4 volle Tage gedauert hatte, in welcher beide Angeklagten diese That leugneten, sprachen die Geschwornen das „Schuldig" – der Schwurgerichtshof erkannte auf geschärfte Todesstrafe. Stopfer schwieg u. behielt sich eine Erklärung vor, Dantinger jedoch tratt vor die Geschwornen, fiel auf die Knie nieder u. bat mit aufgehobenen Händen mann möchte ihm bald das Leben nehmen u. hinrichten, denn er seÿ der Mörder! so bekante er nun die gräßliche That reumuthig, was alle Anwesende mit Rührung erfüllte. Die Verurtheilten werden beide, (wen̄ keine Begnadigung eintritt) durch das Schwert enthauptet.

Dantingers Bitte an die Geschworenen auf einem anonymen Flugblatt vom Mai 1850

Aufgrund der Mittellosigkeit der beiden Verurteilten fielen die Gerichtskosten „dem Aerar anheim", also der Staatskasse. Bevor die viertägige Verhandlung um halb elf Uhr nachts zu Ende ging, erfolgte noch die Verlautbarung, dass gegen Peter Haselbauer und Martin Probst eine Untersuchung wegen Verleumdung und Meineids eingeleitet werde.

Während die beiden Todeskandidaten nunmehr im Arrestzimmer auf ihren Abtransport in die Fronveste warteten, sagte laut Augen- und Ohrenzeugen der fidel wirkende Stopfer zu dem heulenden Dantinger: „Tröste dich, du bekommst einen Sechspfünder und ich einen Zwölfpfünder!" Damit wollte Stopfer wohl zum Ausdruck bringen, dass es ihn schwerer treffen würde als seinen Ex-Kumpan. Die Aussage bezog sich nämlich auf Geschütze bzw. Kanonen, die 6- bzw. 12-Pfund-Kugeln verschießen.

Alles andere als ein Trost war es, als Stopfer den weinenden Dantinger auch noch darüber in Kenntnis setzte, dass er kurz vor seiner letzten Verhaftung dessen Geliebte, Josepha Sonndorfer, „zur Untreue verführt" habe.

Als die beiden schließlich in den Wagen stiegen, der sie zum Gefängnis zurückbrachte, meinte Stopfer mit „kaltblütigem Hohne": „Jetzt können's mit unsere Köpf' Kegel scheiben!"

Ein später berühmt gewordener Besucher dieser wohl aufsehenerregendsten Münchner Schwurgerichtsverhandlung war der Bayerwald-Schriftsteller Maximilian Schmidt (1832–1919), genannt Waldschmidt. In seiner Autobiografie schrieb er über das Erlebte:

> „Aus jener Zeit erinnere ich mich lebhaft einer Schwurgerichtssitzung, die im oberen Stocke des Akademiegebäudes [...] stattfand. Zwei Burschen, Stopfer und Dantinger, hatten am hellen Tage den Kanonikus Professor Schwarz [...] ermordet und beraubt. Man ward der Raubmörder alsbald habhaft und die Schwurgerichtssitzung, in welcher sie öffentlich verhandelt wurden, war ein großes Ereignis. Ganz München strömte hinzu. Ich hielt bis zum Schlusse der Verhandlung, die erst nach Mitternacht erfolgte, aus und hörte das Todesurteil über die bei-

den Verbrecher fällen. Es war dies ein ergreifender Augenblick. [...] Dantinger warf sich auf die Kniee und flehte um Gnade. Es war herzzerreißend, das mit anzusehen und anzuhören. Der andere aber blieb kalt."

In den darauffolgenden Tagen gab es wegen der vorzeitig in Umlauf gekommenen Anklageschrift des Staatsanwalts noch ein Nachspiel. In großen Zeitungsanzeigen wiesen die Verteidiger Dr. Eugen Schneider und Carl Mayr wie auch die linksrevolutionäre Presse in Person des „Gradaus"-Redakteurs August Napoleon Vecchioni in dieser Sache jegliche Verantwortung von sich.

Dazu meinte „Der Volksbote für den Bürger und Landmann" am 19. März 1850:

„Es hat allgemeines Staunen erregt, wie der rothe ‚Gradaus' die Anklageschrift des Staatsanwalts gegen Stopfer und Dantinger schon am Tage der Eröffnung des Schwurgerichts hat veröffentlichen können. Jedermann begreift, daß dies den Zwecken der öffentlichen Gerechtigkeit durchaus zuwider ist, und daß dieselben unter Umständen, wie sie hier sehr nahe lagen, durch solche vorzeitige Veröffentlichung geradewegs vereitelt werden können. Umso größer ist das Staunen gewesen, und der genugsam bekannte Charakter des ‚Gradaus' hat dasselbe noch steigern müssen. Jedermann hat gefragt, wer sich dazu herbeigelassen haben könne, diesem Blatte die vorzeitige Mittheilung zu machen. Der Redakteur des ‚Gradaus' selber, Vecchioni, sieht sich zwar jetzt veranlaßt, öffentlich zu erklären, daß er die Schrift ohne Wissen und Willen (auch sauber!) desjenigen, der sie ihm mitgetheilt, habe drucken lassen; aber damit ist die eigentliche Frage noch nicht beantwortet. Daß der Staatsanwalt die Akte den Gradausschreibern zugesteckt habe, davon kann keine Rede seyn, und daher wurde mehrfach im Publikum die Vermuthung laut, daß einer der beiden Verteidiger es gethan haben möchte. Diese, Hr. Rechtsconcipient Mayr und Hr. Rechtspraktikant Schneider, haben jedoch Beide, einer nach dem andern, öffent-

> lich erklärt, daß die Mittheilung von ihnen nicht geschehen ist. Ihr Wort genügt. Allein umso weniger kann man jetzt umhin sich zu erinnern, daß im vorigen Jahr mehrere Demokraten, die vom Gericht aus verhaftet werden sollten, davon vorher Wind erhielten, so daß sie Zeit hatten, sich aus dem Staube zu machen. Es bleibt also kaum etwas anderes übrig als anzunehmen, daß bei dem untergeordneten Personal auf dem Stadtgericht nicht Alles sauber sei, sondern Rothe darunter stecken."

Schließlich stellte sich heraus, dass der vorzeitige Abdruck der Anklageschrift durch die Indiskretion eines Zeitungsredakteurs zustande gekommen war. Der hatte sie von einem ursprünglich als Verteidiger vorgesehenen Rechtspraktikanten – dem die Verteidigung dann aber entzogen worden war – zu lesen bekommen.

Einschätzungen und Einsprüche

In der Presse, etwa der „Regensburger Zeitung" vom 18. März, hieß es zu den Verdikten des Schwurgerichts: „Das Urtheil gegen die beiden Mörder wird von Juristen und Laien vollkommen gerecht befunden, wenngleich Stopfer zu keinem Geständniß Neigung zeigt, und sich darin zu gefallen scheint, daß er viel sagen könnte, wenn er wollte."

Die „Bayerische Landbötin" kommentierte den Prozessausgang wie folgt:

> „So ist es durchaus keinem Zweifel unterworfen, daß unter dem Schutze des alten Strafverfahrens beide Angeklagte – Stopfer und Dantinger – wenn nicht ungestraft, so doch mit einer Strafe davongekommen wären, welche mit der Größe des verübten Verbrechens in gar keinem Verhältnisse gestanden wäre. Bei der Persönlichkeit und Verstocktheit beider Angeklagten, namentlich Stopfers, bei den tausendfältigen Winkelzügen, welche das alte Verfahren solch einem geübten Verbrecher gestattet hätte, bei der Gewißheit, daß der Läugnende nicht verurtheilt werden konnte, darf man die sichere Vermuthung hegen, daß sich beide mit mehrjähriger Haft, also verhältnißmäßig sehr gelinde, aus der Schlinge gezogen hätten, in der sie nun ebenso sicher hängen blieben [...] Der erfolgte Wahrspruch zeigt trefflich, wie vollkommen richtig die Geschwornen unter den vorgelegten Fragen zu unterscheiden wußten – Stopfer der intellektuelle Urheber und unmittelbare Vollführer der blutigen That – Dantinger der nicht weniger schuldige Gehülfe, ohne dessen Beistand das Verbrechen unausgeführt geblieben wäre."

Zum Publikumsinteresse heißt es an gleicher Stelle: „Viele Zuhörer waren der Verhandlung ununterbrochen vom Montag früh bis Donnerstag Nachts gefolgt, an sich schon ein Beweis, welch' spannendes sich immer steigerndes Interesse der Fall bot."

Mit der Vereinnahmung des Falls durch die Politik beschäftigte sich die „Neue Fränkische Zeitung“ in ihrer Sonntagsausgabe vom 17. März 1850:

> „Das Verbrechen war also nichts als ein gemeiner Raubmord und von Politischem nicht die entfernteste Spur dabei. Wir aber erinnern uns noch wohl, wie diese Missethat vor einem Jahr von der ultramontanen Presse zum Wühlen und Hetzen gebraucht wurde und wie der ‚Volksbote‘ zwei Spalten voll Gift und Galle auf die ‚Rothen‘ losließ. ‚Ein katholischer Priester am hellen Tage gemeuchelmordet!‘ geiferte er in großen Lettern; die rechte Saat trägt ihre Früchte; – unter den verführten, brodlos gemachten, zum hellen Wahnsinn verkehrten Leute[n] wird vielfach vom Meuchelmord als von einer patriotischen That, von einer nothwendigen, gerechtfertigten Sache geredet; – wie lange sollen die Zustände noch geduldet werden, die Leben und Eigenthum auf solche Art preisstellen. Direkt bezeichnete er die Volksredner und die freie Presse als die Ursache der That. Wenn nun auch später keine Silbe ob einer so boshaften Verdächtigung sich bestätigt, der ‚Volksbote‘ hatte doch ein Mittel zum Aufhetzen gefunden, und weiter denkt kein Mensch mehr an solche fromme [sic], zweckdienlichen Täuschungen. Morgen erfindet man für die Dummen wieder einen neuen Popanz und sie glauben Alles treulich und voll Entsetzen wieder.“

Das „Deutsche Wochenblatt für constitutionelle Monarchie“, welches sich an Leser richtete, „die es treu mit Gott, König und Vaterland meinen“, wartete am selben Tag mit diesem Artikel zum seinerzeit alles beherrschenden Thema auf:

> „Ein paar gesinnungstüchtige Bursche[n], Stopfer und Dantinger, mit deutschem Hut und Freischärler-Joppe, die nicht Lust zum Arbeiten haben, desto mehr Gefallen aber an den communistischen Lehren, die der ‚Gradaus‘ predigt, schneiden vor einem Jahre dem ‚Pfaffen‘ Schwarz den Hals ab, auch nach der Lehre

> des ‚Gradaus': ‚Fort mit den Pfaffen!', nehmen ihm sein Geld und leben herrlich und in Freuden; vermuthlich weil Gesinnungsgenossen in einem demokratischen Kaffeehause ‚die beiden wackern Männer, die einen lumpigen Pfaffen beseitigt', hoch leben ließen. – Man nimmt sie endlich beim Schopf und stellt sie gerade am Jahrestage der ‚gesinnungstüchtigen That' in München vor's Schwurgericht. Stopfer ist ein Mann, ‚der sich was versucht hat', er studirte bereits 8 Jahre im Arbeitshause, und zeigt, daß er den Spruch begriffen hat: ‚Si fecisti nega!' [„Wenn du es gemacht hast, leugne es!"] Er vertheidigt sich in so überzeugender Sprache, als ob er für eine ‚gesinnungstüchtige Volksversammlung' geschaffen wäre. Welch ein verdientes Mitglied der deutschen Republik hätte der Mann werden können! Wie würde er […] die Guillotine erst in Bewegung gesetzt haben, nachdem er so gut das einfache Messer gegen Pfaffenhälse zu gebrauchen verstand! – Dantinger ist noch mehr Novize, zeigt aber tüchtige Anlagen. – Am Donnerstage Abends gelangte die Tragödie zum Schlusse. Die Geschwornen sprachen über beide gesinnungstüchtige Bursche das ‚Schuldig des überlegten Mordes!' […] Die Richter verurtheilten beide zum Tode. – Fiat justitia [Es geschehe Gerechtigkeit], wenn wir nicht dem mörderischen Faustrecht, angewandt zur Herbeiführung des Communismus, anheimfallen sollen."

Mit den „Gesinnungstüchtigen" waren, wie in derselben Ausgabe zu lesen war, die „Demokraten" gemeint. Und eines der Hauptmittel, um auch das Volk recht „gesinnungstüchtig" zu machen, sei das Drucken einschlägiger Blättchen, die verbreiten würden, dass „Vernunft – Unsinn sey, das Volkswohl im Nichtsthun bestehe, Eigenthum – Diebstahl, Religion – Trug, und die Handhabung der Gesetze und Ordnung eine tyrannische Erfindung der Zopfzeit wäre [im Nachhinein verwendete Bezeichnung für die zweite Hälfte des 18. Jahrhunderts, als Zopfperücken in Mode waren] und endlich alles in der Welt gleichgemacht werden müsse!" Als „eines der gesinnungstüchtigsten aller gesinnungstüchtigen Blätter" wurde der „Gradaus" genannt, angeblich „das Organ der social-demokratischen Republik, d. h. der rothen Republik."

Am 31. März legte das „Wochenblatt" ein weiteres Mal nach:

> „Was zieht die Lectüre solcher gotteslästerischen und gottesläugnerischen Blätter, wie z. B. der Gradaus, für eine Generation, für ein Publicum heran, als solche Vermögensgleichmacher und ‚Pfaffenfeinde' à la Stopfer, Dantinger und Consorten?"

Auch der konservative und von der „Neuen Fränkischen Zeitung" attackierte „Volksbote" zog Ende März in dem Zusammenhang wieder gegen die „Gesinnungstüchtigen" zu Felde:

> „Weil die seligen frankfurter ‚Grundrechte' aus besonderer Sorte von Menschenfreundlichkeit so zärtliche Sorgfalt für Mörder u.s.w. gehabt haben, daß sie die Todesstrafe für abgeschafft erklärten, und weil der Märzminister Heintz aus Gefälligkeit gegen die ‚Gesinnungstüchtigen' vor zwei Jahren in der Abgeordnetenkammer zu äußern beliebte, es würd' in Bayern kein Todesurtheil mehr vollzogen werden, so haben die Verbrecher in der That gemeint, der Gerechtigkeit sei wirklich schon das Schwert genommen, und dies ist unfraglich mit Ursache, daß sich die todeswürdigen Verbrechen in den jüngsten Zeiten so gemehrt haben. [...] Stopfer und Dantinger haben zwar auf Kassation ihres Urtheils angetragen, allein das wird ihnen nichts helfen."

Joseph Stopfer und Ludwig Dantinger hatten also die Aufhebung der Urteile beantragt. Nach ihrer Wiedereinlieferung ins Gefängnis, „wo die Bewohner der verschiedenen Keuchen ganz gemüthlich miteinander konversiren können", habe es, so ist den Schilderungen in der Presse zu entnehmen, sogleich ein Zwiegespräch zwischen Martin Probst und Stopfer gegeben:

> „[Probst:] ‚Nun Sepperl, wie ist Dir's denn gangen?' [Stopfer:] ‚Zum Tod haben's mich halt verurtheilt – die K...!' [Probst:] ‚Mach

> Dir nichts daraus; wir bringen Dich schon raus!‘ [Stopfer:] ‚Will sehen; aber den dummen Dantinger hättest sehen müssen, wie der sich benommen hat; da hättest g'rad aufglacht!‘“

Bei dem in der Presse nur angedeuteten Schimpfwort, das mit K beginnt, könnte es sich etwa um „Kerle“, „Kamoppeln“, „Kasperl“, „Kletzen“, „Kunten“, „Krüppeln“ oder „Krawotn“ gehandelt haben.

Zu diesem Dialog merkte der Gerichtsreporter der „Kemptner Zeitung“ am 19. März 1850 an:

> „Ich theile dieses – mir verbürgte – Zwiegespräch, weil es einen psychologischen Blick in die Verderbtheit menschlicher Naturen werfen läßt und hier speziell zur Charakteristik eines Individuums dient, für welches der Tod wieder nicht als Strafe gelten kann.“

Stopfer verlor also nicht den Mut. Er hoffte auf die Umwandlung der Todes- in eine Kettenstrafe, äußerte jedoch zugleich seinen Unmut über das Urteil: Er habe ja im Voraus gewusst, dass man ihn verurteile, denn heutzutage sei es gleich, ob man gestehe oder nicht, verurteilt werde man doch.

Dennoch machte er sich nun voller Eifer daran, selbst eine Verteidigungsschrift aufzusetzen. Laut Zeitungsberichten füllte diese schon vier Bogen Papier und war „sehr gut stylisirt“. In der „Volksbötin“ vom 17. März hieß es dazu: „Man kann nur das schmerzlichste Bedauern empfinden, daß ein Mensch von solchen Fähigkeiten schon in früher Jugend den Weg des Verbrechens wandelte.“ Später hieß es einem Gerücht zufolge, Stopfer sei doch etwas mürbe geworden und würde „manche Nacht hindurch heftig weinen und wimmern, so daß dessen Nebengefangene in ihrem Schlafe sehr gestört sind.“

Dantinger hatte bereits nach seiner Wiedereinlieferung ins Gefängnis die ganze Nacht hindurch geweint. Am Morgen des 15. März beichtete er und empfing danach die Kommunion. Er zeigte sich nunmehr auch empört über seinen Verteidiger, der ihn nicht ausreichend entlastet habe. Als Mayr auf die Unumstößlichkeit des Urteils hinwies und meinte, ein weiteres Leugnen sei sinnlos, allenfalls vermöge ein reumütiges Geständnis „den Gang aufs Schafott in einen Gang in den Kerker umzuwandeln", erklärte Dantinger, dass er sich bei seinem Kniefall keineswegs schuldig bekannt, sondern nur gesagt habe: „Da mich die Geschwornen für den Mörder halten, so will ich auch gleich sterben!" Er beteuerte wiederum, vom Mord nichts zu wissen, und verlangte, dass man ihn nur bald aufs Schafott bringen möge.

Das Leugnen Dantingers, schrieben die „Neuesten Nachrichten", sei „mehr und weniger nichts als eine neue Heuchelei der verwerflichsten Art. Ein Mensch, bei welchem man dem schmählich Gemordeten angehörende gestohlene Sachen gefunden hat und sich um falsche Zeugen bewarb, wohlwissend, daß ein Meineid damit verbunden ist, der ist jeder Schandthat fähig."

Zu dieser Zeit, also Mitte März, waren das mögliche Schicksal von Stopfer und Dantinger überall Tagesgespräch und ihre Porträts fanden bayernweit großen Absatz, so etwa auch beim Augsburger Buchbinder Sutor am „Obern Graben" oder bei einem Buchhändler in der Bachgasse in Regensburg. Dort konnte man die gezeichneten Bilder der Mörder für drei Kreuzer erwerben.

Zudem waren allerlei Gerüchte im Umlauf, die besagten, dass sich Stopfer erhängt habe, womit, so „Die Volksbötin", manch rohes Gemüt um das freudig erwartete Schauspiel einer Hinrichtung kommen würde. Komme es aber zur Hinrichtung, so ein Vorschlag aus der Münchner Presse, sollte die nicht öffentlich und nur vor ausgewählten Zeugen vorgenommen werden. Außerdem sollte man, „wenn der Hingerichtete unerzogene Kinder" hinterlasse, „dieselben in möglichst ferne Gegenden des Landes bringen, um ihnen eine christliche Erziehung angedeihen und sie nie ihres Ursprungs gedenken zu lassen." Diesem Artikel in den „Neuesten Nachrichten" zufolge sei eine öffentliche Hinrichtung eher „eine Schule des Bösen, statt einer Mahnung zum Guten."

An einer abschreckenden Wirkung der Todesstrafe zweifelte Mitte März 1850 auch die liberale „Volksbötin". Die Erfahrung von

Jahrhunderten habe nämlich gelehrt, „daß dieses Exempel die Verbrechen nicht ungeschehen macht. […] In Bayern ist im vorigen Jahrhundert kein Tag vergangen, wo nicht eine Hinrichtung, und kein Tag, wo nicht ein neues Verbrechen vorkam."

Dabei hätte es damals durchaus die Möglichkeit gegeben, von den Todesurteilen gegen Stopfer und Dantinger abzusehen. Im Zuge der Deutschen Revolution von 1848/49 hatte die Frankfurter Nationalversammlung nämlich beschlossen, die gerade zu jener Zeit heftig umstrittene Todesstrafe im Rahmen der Grundrechte abzuschaffen. Einige der deutschen Staaten setzten diesen Beschluss auch um, so etwa kurzzeitig Sachsen, nicht aber Bayern. Dort hatte der sogenannte Märzminister, der linksliberale Carl Friedrich Heintz (1802 – 1868, ab 1848 Ritter von Heintz), der von März 1848 bis März 1849 bayerischer Justizminister war, zwar 1848 erklärt, dass in Bayern kein Todesurteil vollstreckt werde. Doch sein Nachfolger Karl von Kleinschrod (1797 – 1866, Justizminister von März 1849 bis Februar 1854) betonte laut „Neuesten Nachrichten" vom 9. Februar 1850: „Die Todesstrafe wird nicht aufgehoben!" Sie stehe im diesseitigen und jenseitigen Bayern (Rheinpfalz) nach wie vor an der Spitze der Strafordnung und bleibe ein „ebenso gerechtes als auch unentbehrliches Strafmittel." Es sei „die Moralität des Volkes nicht von der Art, daß man die Todesstrafe gänzlich abschaffen dürfe, denn auch der größte Optimist werde nicht leugnen, daß der durch Schrift und Wort vielfach gestreute Same der Anarchie seine reichlichsten Früchte getragen."

Tatsächlich war in Bayern die Zahl der Todesurteile seit der Strafrechtsreform von 1848/49 stark angestiegen. Zum einen konnten mit der Reform Verbrechen effizienter erfasst werden und zum anderen gab es durch die Einführung von Schwurgerichten weitaus mehr Todesurteile als zuvor. Das vorher unabdingbare Geständnis der Angeklagten war nun für eine Verurteilung nicht mehr erforderlich. Die Laienrichter hatten jetzt das Sagen und der König verfügte lediglich über das Begnadigungsrecht. Davon wurde zur „Eindämmung" der Todesurteile denn auch häufig Gebrauch gemacht. So gab es im Jahr 1850 in Bayern 29 Todesurteile, aber „nur" fünf Hinrichtungen.

Die verbesserte Erfassung von Verbrechen – und nicht unbedingt eine stark erhöhte Kriminalitätsrate – führte natürlich auch zu häufiger stattfindenden Gerichtsprozessen. Dass nun etwa in Oberbayern viel mehr Schwurgerichtssitzungen stattfanden als in anderen Kreisen Bayerns wertete Anfang April 1850 eine Zeitung aus Speyer – das damals ja als Hauptstadt der Pfalz zu Bayern gehörte – als ein Anzeichen für die „tiefe moralische Versunkenheit Altbayerns". Das Münchner Massenblatt „Neueste Nachrichten" suchte den Vorwurf dieser „Giftspeyerin" am 8. April 1850 folgendermaßen zu entkräften:

> „Oberbayern ist der bei weitem größte Kreis mit der Hauptstadt des Landes in die und deren Umgebung sich mancher Abschaum der Provinzen ergießt und hier ihr forum delicti [Tatort] hat; es ist zugleich auf 80 Stund Länge Gränzprovinz, was manchen anderwärts unmöglichen Conflict mit dem Gesetze erzeugt. Auch wurde das Institut der Schwurgerichte in Oberbayern um ein volles Quartal früher in das Leben gerufen als in den andern Kreisen. [...] Endlich sind 1/3, ja die Hälfte der Fälle Rauf- und Jagdhändel, welche weniger in der moralischen Verdorbenheit als in dem eigenthümlichen Character eines Gebirgsvolkes liegen. Dieses naturwüchsige muthige Volk kennt keine Injurienprozesse, die eigene Faust mit dem Schlagring verschafft sich Satisfaction und leider ist auch das Messer und der fast ständige Begleiter der Stutzen hiebei nicht außer Anwendung."

Eine solche Argumentation rief nun wiederum das Münchner Konkurrenzblatt „Die Volksbötin" auf den Plan. Am nächsten Tag wurden die diesbezüglichen Ausführungen der „Neuesten Nachrichten" scharf kritisiert und dabei auch auf Stopfer (!) verwiesen. Zunächst hieß es zur besagten Naturwüchsigkeit:

> „Eine prächtige Naturwüchsigkeit! Das hat man sonst Anarchie geheißen! Aber unter Anarchie versteht man jetzt nicht mehr die Umgehung der Gesetze, das Faustrecht und die Selbsthülfe. [...]

> Es ist, schreiben die ‚Neuesten' weiter, ‚die Natur jedes Hirten- und Jägervolkes – es ist der ungebändigte, tollkühne Muth, der Kampf und Gefahren sucht' – (Stopfer und Consorten dürfen das nicht lesen, sonst werden sie eitel) –, es ist – (nun kommt das Schönste!) – ‚der alte Bayermuth' (!!)."

Am 11. April 1850 vermeldete die „Bayerische Landbötin" ein neues Gerücht hinsichtlich der Vollstreckung der Todesstrafe:

> „Das seit einiger Zeit unter mehreren Classen der hiesigen Bevölkerung laut gewordene Gerücht, als solle zur Ausführung der Todesstrafen eine Guillotine erbaut werden, beruht schon deßhalb auf einem Irrthume, weil eine solche Neuerung mit dem Wortlaute des Gesetzes, welches die Todesstrafe mit dem Schwerte vorschreibt, nicht in Einklange steht und vorher erst eine Aenderung des Strafgesetzes erfolgen müsste. [Eine solche erfolgte übrigens durch eine allerhöchste Verordnung erst im August 1854. Darin verfügte König Maximilian II., dass Enthauptungen nicht mehr mit dem Richt-, sondern dem „Fallschwert" (Guillotine) vorzunehmen seien.]"

Am nächsten Tag war im „Volksboten" Folgendes zu lesen:

> „Der Raubmörder Stopfer verkehrt noch immer mit seinen Gesellen draußen und möcht' gern aus dem Gefängniß ausbrechen. Heut' vor acht Tagen nach Mitternacht ist wieder einer unter dem Fenster seines Gefängnisses in der Blumenstraße gewesen und hat eine halbe Stunde lang durch einen Trichter mit ihm geredet. Man hat die Worte gehört: ‚Seppel, das Ander' ist noch nicht fertig, aber zum ersten bekommst Du's'. Der Kerl ist versprengt worden, doch ist inzwischen schon ein Maurer aus der Au abgefaßt, der ihm Brechwerkzeuge hat zustecken wollen. Er sitzt und kann sich auf eine Reise nach Kaisheim gefaßt halten."

Am 12. April 1850 wurde dann am Obersten Gerichtshof, dem „Kassationshof", über die von Stopfer und Dantinger gegen ihre Todesurteile eingelegten Einsprüche bzw. Nichtigkeitsbeschwerden öffentlich verhandelt. Der Gerichtssaal war dabei „zum Erdrücken" überfüllt. Die Verurteilten waren allerdings nicht anwesend, sondern wurden von ihren Rechtsbeiständen vertreten. Zunächst einmal wurde festgestellt, dass Stopfer seine Beschwerde fristgemäß eingereicht, Dantinger aber den festgelegten Termin hierfür versäumt hatte. Eine nachträglich eingereichte „Denkschrift" seines Verteidigers befand man jedoch für zulässig. Somit konnten nun beide Verteidiger ihre Anträge begründen.

Der Accessist Dr. Eugen Schneider erklärte nun, er habe weder in der Voruntersuchung noch beim Prozess wesentliche Formfehler gefunden, allerdings halte er es für einen Nichtigkeitsgrund, dass bei den Schwurgerichtssitzungen die Öffentlichkeit ungebührlich beschränkt worden sei. Dieses gesetzwidrige Vorgehen begründe unter Umständen eine Zurückweisung der Urteile. Ansonsten, so Schneider, hoffe sein Mandant Stopfer auf die Gnade Seiner Majestät, des Königs.

Der Rechtskonzipient Carl Mayr, der „Defensor" Dantingers, hatte indes durchaus einige kleinere Formfehler geltend gemacht, sah aber als hauptsächlichen Nichtigkeitsgrund Widersprüche in den Zeugenaussagen und den juristischen Urteilsbegründungen an. Die von seinem Kollegen inkriminierte Einlassbeschränkung zum Sitzungssaal bestätigte er dahingehend, dass die aufgestellte Militärwache selbst ihm erst nach der Legitimierung bei einem Offizier Eintritt gewährt hatte.

Nach der Zurückweisung der vorgebrachten Argumente durch den Staatsanwalt zog sich der Gerichtshof zur Beratung zurück und verkündete nach einer Stunde, dass weder im Strafverfahren noch bei den Urteilen eine Nichtigkeit vorliege. Damit waren die beiden Nichtigkeitsbeschwerden abgewiesen. Die Akten mussten jetzt durch das Justizministerium dem Monarchen vorgelegt werden, der von seinem Recht auf Begnadigung Gebrauch machen konnte.

Am 17. April 1850 reichten denn auch die beiden Verteidiger

Gnadengesuche beim König ein. In der Presse mutmaßte man nun, dass das „schwerlich irgendeine Wirkung haben" und man wohl bald wieder öffentliche Hinrichtungen sehen werde.

Am 21. April meldete der „Volksbote":

> „Das Todesurtheil gegen Stopfer und Dantinger ist vom König bestätigt worden, und soll am Samstag (heut' über acht Tag) vollzogen werden, worüber der rothe Gradaus schon wieder räsonnirt, von wegen der – GRUNDRECHTE, das heißt der Privilegien, welche dieselben den Mördern frankfurterisch, aber nicht bayerisch verliehen haben."

Abgesehen davon, dass sich das vermeintliche Datum als unzutreffend herausstellen sollte, hatte hier die Redaktion auch übersehen, dass der König nur begnadigen, aber nicht mehr bestätigen konnte. Letzteres war seit der Strafrechtsreform von 1848 dem Oberappellationsgericht vorbehalten.

In seiner Ausgabe vom 23. April 1850 vertrat auch der „Fränkische Kurier" die Ansicht, dass die Häufung von Schwerverbrechen wie dem von Stopfer und Dantinger aus bestimmten Gründen eher in Altbayern als in anderen Landesteilen vorkomme:

> „Auffallend ist es nur, daß in Franken, wo so viele Demokraten wohnen, keine besonderen Schwurgerichtssitzungen anberaumt werden müssen, um mit der Aburtheilung der ruchlosesten und gemeinsten Verbrechen aller Art fertig werden zu können, wie in den bayr. Provinzen? Daß nicht bei einem k. Kreis- und Stadtgerichte monatlich oft 15–20 Verhandlungen stattfinden, wie z. B. in Niederbayern? Und doch ist die Zahl der Demokraten in den bayer. Provinzen gewiß eine unvergleichbar geringere, als in [...] Franken. [...] Stopfer, Dantinger, Eppensteiner, Niedermeyer sind wesentlich stockbayerische Erscheinungen – ihre Verbrechen Folgen der niedern Kulturstufe. [...] Folgen der mit der nothwendig befundenen Verdummung Hand in Hand gehenden Sittenlosigkeit jener Provinzen."

Während Stopfer und Dantinger bekanntlich Oberbayern waren, handelte es sich bei den berüchtigten Raubmördern Johann Eppensteiner und Michael Niedermaier um einen Oberpfälzer bzw. Niederbayern, mithin allesamt Altbayern bzw. „stockbayerisch". Sie waren 1845 bzw. 1849 hingerichtet worden.

Ebenfalls am Freitag, den 26. April, schrieb „Die Volksbötin" unter ihren „Hauptstadt-Neuigkeiten":

> „Als neulich durch alle Blätter die Nachricht ging, daß Stopfer und Dantinger nächsten Samstag hingerichtet würden, äußerte ein Gutgesinnter: ‚Wenn's nur schön Wetter würde!' – Nun wird's aber nicht schön Wetter, und geköpft wird auch nichts, denn das Urteil ist vom König noch nicht unterzeichnet, und Gutunterrichtete versichern, es wird auch nicht unterzeichnet werden, wodurch die Hoffnung vieler rohen Leute, die sich auf dieses Spektakel schon freuten, vereitelt wurde. Auch die schwarzen Blättl [die antirevolutionär und konservativ eingestellten Zeitungen] fordern die Hinrichtung, obgleich es keine politischen Verbrecher sind."

Dass „doch nicht geköpft wird", schien eine Meldung des „Bayerischen Eilboten" vom 26. April 1850 zu bestätigen:

> „Neuestem Gerüchte zufolge soll das Justizministerium den Antrag auf Nichtvollstreckung der Todesstrafe an Stopfer und Dantinger gestellt haben und zwar nach der früheren Ansicht, wornach [sic] zur wirklichen Vollziehung des ausgesprochenen Todesurtheils ein Geständniß oder die unwidersprechbarsten Beweise vorhanden sein sollen, was bekanntlich bei Stopfer und Dantinger fehlte."

Dem widersprach am 29. April das „Oberpfälzische Zeitblatt":

> „Dieses ist jedoch Alles sehr unwahrscheinlich, weil bei der Einführung des neuen Strafverfahrens auch alle diese Gründe, die

> noch aus dem früheren Strafprozesse herrühren, gefallen sind und es wahrhaftig Niemanden geben wird, der an der Schuld der beiden Mörder zweifeln wird. Wenn je etwas eine Stockung in dieser Sache herbeigeführt hat, so ist es der Umstand, daß man zögert, so schnell aufeinander mehrere Todesurtheile vollziehen zu lassen, da man die Todesstrafe wohl nicht abschaffen, sie aber doch höchst selten und da nur bei den crassesten Fällen in Anwendung bringen will."

Zur besagten „Stockung" erschien am 7. Mai 1850 in der „Münchener lithographischen Correspondenz" ein Artikel, der die allzu lange Verzögerung bei der Vollstreckung des Urteils bzw. bei der Begnadigung aufs schärfste anprangerte. Darin hieß es, dass der Urteilsspruch gegen Stopfer und Dantinger bereits vor sieben Wochen ergangen sei, aber noch immer keine Beschlüsse über Vollzug oder Begnadigung gefallen seien.

Insbesondere wurde in dem Artikel der bayerische Justizminister, Dr. Karl von Kleinschrod, angegriffen:

> „Er hat das Referat über die vorliegende Frage einem ‚Accessisten' übertragen. Leben oder Tod! Das sind ja Lappalien, zu unbedeutend, um Ministerszeit in Anspruch zu nehmen. ‚Ministre de justice' nicht nur, sondern auch ‚des graces', nennt sich der Gerechtigkeitsminister in Frankreich – ist's ein Räthsel, wenn in Bayern letzterer Titel fehlt?"

Dem Staatsminister wurde also eine Amtspflichtverletzung, zumindest aber „eine himmelschreiende Gleichgültigkeit und Sorglosigkeit" vorgeworfen. Der Artikel wurde in den folgenden Tagen in 16 verschiedenen deutschen Publikationsorganen veröffentlicht. Übernommen hatten ihn zum Beispiel der „Gradaus", das „Regensburger Tagblatt", die „Kemptner Zeitung" und die „Neue Speyerer Zeitung".

Vollstreckung der Urteile

Am 10. Mai 1850 stand endgültig fest, dass eine Hinrichtung stattfinden würde, und zwar die von Joseph Stopfer!

Die Todesstrafe für Ludwig Dantinger hatte König Max II. hingegen „allergnädigst in Kettenstrafe zu mildern geruht". Eine solche war aber fast immer lebenslang zu verbüßen.

Laut Zeitungsberichten sollte Stopfer gemäß einer Anordnung bereits am 12. Mai von der königlichen Entscheidung in Kenntnis gesetzt werden, doch musste das verschoben werden, da dem Scharfrichter noch ein Gehilfe, gemeinhin „Spitzwürfl" genannt, fehlte.

Eine Gerichtskommission, der neben dem Untersuchungsrichter Weichsler auch der königliche Gerichtsarzt Dr. Kopp und der Verteidiger Dr. Schneider angehörten, setzte Stopfer dann am Mittwoch, den 15. Mai, um 8.30 Uhr im großen Saal der Fronveste über seine Nichtbegnadigung in Kenntnis. Stopfer nahm die Nachricht durchaus gefasst auf; er bat gleich um die ihm zustehende Verlängerungsfrist von 3 x 24 Stunden, sodass als Hinrichtungstermin der nächste Samstagvormittag feststand. Ansonsten wäre das Urteil binnen 24 Stunden vollstreckt worden.

Anschließend übermannte Joseph Stopfer doch die Rührung. Beim Eintritt der zwei ihn betreuenden Geistlichen kamen ihm die Tränen. Presseberichten zufolge war es nämlich seinem geistlichen Hauptbeistand, Joseph Sallinger, dem Kooperator von St. Peter, „gelungen, in dem harten Herzen des Verbrechers die Frucht der Reue aufwachsen zu lassen." Als Dr. Schneider ihn aufforderte, nun zu sterben, wie es einem Manne gezieme, reichte Stopfer seinem Verteidiger die Hand und versprach mit fester Stimme: „Sie können sich darauf verlassen!" Danach besuchte Stopfer die Heilige Messe in der Kapelle der Fronveste.

Man hatte dem Todeskandidaten zudem die Bitte gewährt, kurzfristig Geschwister und einige Freunde zu empfangen. Gestattet wurde auch der Besuch einer ganz besonderen Person: „Die Schwester des getödteten Canonicus, Fräul. Josepha Schwarz, besuchte Stopfer auf seine ausgesprochene Bitte, und er bat sie mit thränenden Augen um Verzeihung. Stopfer sucht Trost im Gebete und läßt seinen Rosenkranz nicht aus den Händen", hieß es in der Augsburger Morgenzeitung „Der Lechbote".

Überdies meldete Stopfer sich am Nachmittag des 15. Mai zu einem letzten Verhör, in dem er den gemeinschaftlichen Mord an Professor Schwarz zugab und aussagte, dass er das Opfer gehalten und Dantinger dem Kanonikus den Hals abgeschnitten habe. Enttäuscht und gekränkt zeigte er sich darüber, dass sein ehemaliger Kumpan nicht gleichfalls hingerichtet werden sollte. Zudem ließ er sich darüber aus, dass er geglaubt habe, durch die Frankfurter Grundrechte vor der Todesstrafe gefeit zu sein. Über das Verhalten Stopfers am 15. Mai berichtete „Die Volksbötin" wenig Aufregendes: „Stopfer schaut im ersten Stock der Frohnveste gemüthlich zum Fenster hinaus."

Am Tag darauf, also am 16. Mai 1850, teilte man Ludwig Dantinger mit, dass er zur Kettenstrafe begnadigt worden sei. Nun war er doch sehr erleichtert, dem baldigen Tod zu entgehen, und versicherte nochmals, bei der Tat nur Spähe gestanden zu haben.

Aufgrund der Begnadigung wurde Dantinger am Abend in einer Chaise (Kutsche mit Halbverdeck) ins Zuchthaus der Vorstadt Au eingeliefert. In dem einstigen Paulaner-Kloster hatten jetzt Schwerverbrecher Zwangsarbeit zu leisten. Beim Betreten wurde ihm gleich mitgeteilt, dass sich für ihn als Kettensträfling die Pforten dieser Strafanstalt wohl nie mehr öffnen würden. Dantinger wurde nun zunächst in die Badestube gebracht, wo man ihm auch den Kopf schor. Danach wurde er in die grau-schwarze Zuchthauskleidung gesteckt und erhielt als Schuhersatz hölzerne Sohlen. Schließlich nietete man ihm „die über ihn als Begnadigungsstrafe verhängten Ketten" an. Das bedeutete, dass er von nun an dauerhaft eine lange Kette, an der eine schwere Eisenkugel befestigt war, zwischen seinen Füßen mit sich schleppen musste. Die Fesseln sollten aber die Gefangenen „im Arbeiten und der freien Bewegung" nicht hindern.

Die Kettensträflinge bildeten eine eigene Abteilung, die von denen der „Züchtlinge" sowie der „Arbeitshaussträflinge" völlig getrennt war. Jedweder Briefwechsel war untersagt. An Nahrung gab es täglich eine knappe Brotration und zweimal wöchentlich eine kleine Portion Fleisch. Ansonsten reichte man den „Büssern" nur Suppen: morgens eine Brennsuppe (braunschwarze Einbrennsuppe aus geröstetem Mehl mit Brotstückchen), mittags in einer blechernen Schüssel eine dicke Suppe mit Erbsen, Bohnen oder Knödel und abends eine dünne Mehl- oder Griessuppe etc. Das Schlaflager bestand aus einer Bettlade, einer Wolldecke, zwei Leintüchern, einem Kopfpolster und einem zweimal jährlich erneuerten Strohsack.

Laut Dienst- und Hausordnung mussten Kettensträflinge „zu den schwersten Zuchthaus-Arbeiten, wie zum Wollkämmen (Kartätschen) und zum Spinnen gemeiner Wolle und dergl. verwendet werden."

Gearbeitet wurde von fünf Uhr morgens bis acht Uhr abends, im Winter begann man erst um sechs Uhr früh. Verstieß man gegen Vorschriften, reichten die Disziplinarstrafen von „Abzug der Suppe" bzw. „Schmälerung des Brotes" über „einsames Einsperren in ein dunkles Zimmer" bis zu „körperlichen Züchtigungen mit 18 Ruthenstreichen". Bei guter Führung und im Ausnahmefall konnte seinerzeit aber selbst ein Kettensträfling noch begnadigt werden, während zuvor eine solche Strafe fast ausnahmslos bis zum Lebensende abzuleisten war.

Für Dantingers Mordkumpan Stopfer rückte das Lebensende hingegen immer näher. Einen Tag vor der angesetzten Hinrichtung, am Freitag, den 17. Mai, soll, der „Salzburger Constitutionellen Zeitung" zufolge, Stopfers Verteidiger Dr. Schneider in einer Audienz beim König erneut um Gnade für seinen Mandanten nachgesucht haben. Der dabei anwesende bayerische Justizminister, Dr. von Kleinschrod, habe aber darauf aufmerksam gemacht, dass bei der „Häufung todeswürdiger Verbrechen in neuester Zeit" eine Begnadigung dieses gemeinen Raubmörders nur schaden dürfte.

Zur selben Zeit bestellte sich Stopfer „lauter gutes Essen und Trinken" und für den Morgen des nächsten Tages „noch einen Kaffee und eine Weinsuppe".

An jenem Freitag teilte der Untersuchungsrichter am Münchner Kreis- und Stadtgericht dem Magistrat mit, dass dieser für die Fahrt zur Hinrichtungsstätte ein Fuhrwerk bereitstellen müsse. Der hiesige Wasenmeister habe nämlich die Bespannung verweigert. Dazu hieß es spöttisch in der „Volksbötin“: „Am End muß Stopfer einen Fiaker nehmen.“

Am Vortag der Hinrichtung brachte die Münchner Presse nicht nur einschlägige Inserate, die zum Kauf der Mörder-Porträts bzw. zum Erwerb von Abbildungen der Urteilsvollstreckung (zum Beispiel bei Buchbinder Fuchs am Schrannenplatz oder bei Hohfelder neben den drei Linden) aufriefen, sondern auch Hinweise für die erwarteten Zuschauermassen. Die Zuschauer sollten ihre Häuser, so die „Neuesten Nachrichten“ vom 16. Mai 1850, vor Einbrechern sichern, denn „gerade bei solchen Gelegenheiten üben Beutelschneider und anderes Diebsgesindel ihr Geschäft gewöhnlich auf sehr einträgliche Weise aus.“ Desgleichen riet man, „mitführende Geldbörsen, Tabaksdosen, Taschentücher u. dgl. sorglich vor möglichen, im Gedränge gerne vorkommenden Eingriffen in die Taschen“, zu schützen.

Am Pfingstsamstag, den 18. Mai 1850, machten sich, den Münchner Zeitungen zufolge, unzählige Leute bei trübem, bewölktem Wetter früh auf den Weg, um ja nicht das blutige Schauspiel zu verpassen: „In den Stunden von 7 bis 9 Uhr wogten sie schon zu Tausenden durch die Straßen“, schrieb etwa „Die Volksbötin“. Gemeinhin wurde das Ereignis als „wahres Volksfest für München und die umliegenden Ortschaften“ bezeichnet.

Die „Bayerische Landbötin“ widmete am Hinrichtungstag angesichts des ungeheuren Interesses fast ihre gesamte Titelseite dem anonymen Langgedicht „Der Verurteilte an das Volk“, dem ein Passus aus Schillers „Die Kindsmörderin“ vorangestellt war:

„Horch’ – die Glocken hallen dumpf zusammen
Und der Zeiger hat vollbracht den Lauf,
Nun, so sei’s denn! – Nun, in Gottes Namen!
Grabgefährten, brecht zum Richtplatz auf.“

Danach folgten 56 Zeilen der gereimten Wehklage eines Verurteilten, in denen es u. a. hieß:

„‚Schuldig!' – ‚Schuldig' braust es in den Ohren!
Hab' ich nie ein and'res Wort gehört?
Alles and're, jeden Laut verloren? –
Alles, was mir früher angehört,
Alles, alles ist mir abgeschnitten –
Ach! Der Jugend schöne gold'ne Bahn!
Was ich einst gejubelt, einst gelitten ...
Nicht gehör' ich dieser Welt mehr an!
[...]
Flucht mir nicht, es ist des Fluch's auf Erden,
Auf der schuldbefleckten, schon genug. –
Danket Gott! Der euch zum besser werden
Zeit gegönnt, und euch mit Duldung trug,
Daß ihr wandelt noch im Sonnenlichte,
Eurer Lieben euch noch könnet freu'n,
Während meiner furchtbare Gerichte
Harren – möge Gott mir gnädig sein!"

Joseph Stopfer schlief in seiner letzten Nacht nur eine Stunde, von ein bis zwei Uhr. Bis zum Morgen verbrachte er die Zeit im Gebet mit den beiden Geistlichen und von 8 bis 8.30 Uhr betete er wieder in der Hauskapelle. Nach dem flüssigen Frühstück übergab ihn die Gerichtskommission dem Scharfrichter Franz Anton Leimer (1794 – 1852) aus Augsburg. Nachdem dessen Gehilfe Stopfers Haare am Hinterhaupt etwas abgeschnitten hatte, machte man sich gegen neun Uhr auf den Weg!

Stopfer trat nunmehr, so das „Münchener Tagblatt", „aus den Pforten seines Kerkers, die sich vor ihm nicht zur Freiheit, sondern zum Todeswege öffneten." Angetan war er mit dem schwarzen „Armesünder-Habit" aus Perkal (feinfädiger Baumwollstoff). Dieses hemdbzw. rockartige Kleidungsstück trugen üblicherweise die zum Tode Verurteilten, die man damals gemeinhin „Arme Sünder" nannte.

Zudem wurden Stopfer vorne und hinten schwarze Tafeln umgehängt, auf denen man in weißer Schrift sein Verbrechen geschrieben hatte: „Wegen qualifizirten Mordes".

Beim bereitstehenden Fuhrwerk handelte es sich dann doch um den Schinderkarren, also den Wasenmeister-Wagen, vor den eine abgemagerte Mähre gespannt war. Im Wagen nahm der Verurteilte zusammen mit einem „Spitzwürfl", der das Ende des um Stopfers Leib geschlungenen Strickes hielt, mit dem Rücken zur Fahrtrichtung Platz. Ihm gegenüber saßen die ihm zugeteilten Seelsorger, der Kuratbenefiziat Breitenbach und der Stadtpfarrkooperator Sallinger, die den „Armen Sünder" auf seinen Tod vorbereiten sollten.

Vor und hinter dem Karren sowie zu beiden Seiten hatten sich jeweils Reitertrupps aus Kürassieren und Gendarmen postiert. Alsbald setzte sich der Zug auf einer vorher extra festgelegten Ausweichroute in Bewegung. Denn man rechnete nicht nur wegen des Zustroms zur Hinrichtung, sondern auch wegen der an jenem Samstag stattfindenden „Schranne", dem wöchentlichen Getreidemarkt, mit massiven Behinderungen. Wie sich zeigen sollte, erwies sich diese Maßnahme allerdings als völlig wirkungslos. Auch auf der Ausweichroute säumten immense Massen von Schaulustigen die Straßen.

Auf dem zweieinhalb Kilometer langen Weg von der Fronveste zur Richtstätte ging es zunächst zum Angertor hinaus, danach durch die Blumenstraße und über den Sendlingertorplatz zur Sonnenstraße. Einigen Zeitungsmeldungen zufolge soll Stopfer beim Passieren des Mordhauses in der Sonnenstraße „mächtig erschüttert" gewesen sein. Demnach, so die „Bayerische Landbötin", warf er „einen langen Blick nach den Fenstern, wo Professor Schwarz gewohnt hatte und küßte dann das zwischen seinen Händen eingepreßte Kruzifix."

Von der Herzogspital-, Eisenmann- und Neuhausergasse gelangte der Zug zur Weiten Gasse, der heutigen Ettstraße. Dort befand sich damals das Stadtgerichtsgebäude, vor dem man anhielt. Vor dem Gericht, gegenüber der St. Michaelskirche, standen ein kleiner, mit weißem Leinen bedeckter Tisch und ein Stuhl, auf dem Stadtgerichtsassessor Friedrich Weichsler Platz genommen hatte. Dessen Sekretär, Aktuar Seibold, erschien sodann im ersten Stock des

Gebäudes in einem geöffneten Fenster, das mit rotem Tuch behängt war, und verlas noch einmal laut das Todesurteil und die Gründe dafür. Beim Verlesen fiel auch des Öfteren der Name seines zur Kettenstrafe begnadigten Mittäters Dantinger. Dazu bemerkte der aus dem Wagen geführte Stopfer: „Der hätt's auch verdient!"

Nach Seibold ergriff Weichsler das Wort. Er nahm einen kurzen, weißen Stab vom Tisch und rief mit lauter Stimme: „Das Urteil ist gesprochen, der Stab ist gebrochen." Damit brach er den Stab entzwei und warf ihn vor Stopfer auf den Erdboden. Mit dem damals üblichen Entzweibrechen des Gerichtsstabs, der die richterliche Gewalt symbolisierte, sollte die Unwiderruflichkeit des Urteils zum Ausdruck gebracht werden.

Bei der Abfahrt vom Stadtgerichtsgebäude schloss sich dem Zug eine weitere Chaise an, in der der königliche Gerichtskommissär Weichsler, dessen Aktuar Seibold, der königliche Gerichtsarzt, Medizinalrat Dr. Kopp, sowie der Eisenmeister der Fronveste und ein Ratsdiener des Stadtgerichts saßen. Vorneweg fuhr wieder die offene Kalesche mit dem Scharfrichter.

Nachdem man das Karlstor passiert hatte, traf man über die Schützen- und Salzstraße an der Köpfstätte ein. Diese befand sich auf dem Marsfeld, auf dem heute ein Gebäude der Bundesbahndirektion steht (an der Südseite der Arnulfstraße, der einstigen Salzstraße).

Angesichts des vieltausendköpfigen Publikums – es mochten sich an die 15.000 am Schauplatz (manche sogar auf abgedeckten Dächern in der Nähe) versammelt haben – hatte ein starkes Aufgebot an Infanteriesoldaten ein Karree um das Blutgerüst herum gebildet.

Bei der Ankunft des Zuges ertönte ein Trommelwirbel und der sichtlich gebrochene Stopfer wurde gleich in das sogenannte Armesünderstübchen geführt. Hierbei handelte es sich um einen abgeschirmten, mit rotem Tuch umhängten Raum auf der unteren Ebene des Schafotts, gleich über dem Erdboden. Dort wurden dem Delinquenten von einem Gehilfen des Scharfrichters Hals und Schultern entblößt und die Augen verbunden.

Scharfrichter Leimer stieg nun die Holztreppe zur oberen Plattform des Schafotts hinauf und positionierte sich in Erwartung des nachkommenden „Armesünders“ mit gezogenem Schwert und in Hemdsärmeln am Richtstuhl.

Allein Stopfer kam nicht! Nach etlichen Minuten sah sich Leimer genötigt, seine Stellung wieder zu verlassen und nach unten zu rufen, wo denn der Verurteilte bleibe.

Grund für dessen Ausbleiben war, dass die Seelsorger, nachdem Stopfer bereits mit verbundenen Augen hinaufgeführt werden sollte, ihm die Binde nochmals abnehmen ließen. Kniend empfing der Todeskandidat dann nach Erteilung der Generalabsolution das Sakrament der Heiligen Kommunion.

Zum herbeigerufenen Gerichtskommissär soll Stopfer im Anschluss daran gesagt haben: „Es sind so manche Gerüchte über mich bekannt geworden, es ist aber vieles davon falsch. Ich bin übrigens schuldig und verdiene meine Strafe. Ich bitte nur nochmals Alle, die ich beleidigt, um Verzeihung.“

Nach dieser fast viertelstündigen Verzögerung trat Stopfer, gestützt von zwei Gehilfen des Scharfrichters und gefolgt von den beiden Geistlichen, die auf der obersten Stufe niederknieten, seinen letzten Gang an.

Zum Armensünderstuhl wurde er, so die „Bayerische Landbötin“, „mit gänzlicher Entstellung seiner Gesichtszüge mehr getragen als daß er ging“. Was dann folgte, schildert „Die Volksbötin“ in ihrer Ausgabe vom 19. Mai 1850:

> „Seine Wangen waren gänzlich eingefallen, seine Füße erstarrt; als er auf den Stuhl gesetzt wurde, zuckte sein Kinn heftig; zwei Schläge trennten endlich den Kopf vom Rumpfe; sein Blut war durch die Todesangst schon vorher erstarrt, es spritzte nur wenig empor.“

Der Rumpf verblieb, so das „Münchner Tagblatt“, im Richtstuhl, „das Crucifix in den festgefalteten Händen behaltend. Nachdem der Gehilfe den Kopf dem Publikum vorgezeigt und ihn dann zu den Füßen des Rumpfes niedergelegt hatte, trat der Geistliche, Herr Sallinger, an die Brüstung des Schaffots [sic] und hielt eine Rede.“

Obere Hälfte einer anonymen Lithografie aus dem Jahr 1850. An den unteren Text dieses Flugblatts waren noch als Lotterienummern empfohlene Zahlen angefügt. Es handelte sich dabei um mit dem Kriminalfall zusammenhängende Zahlen: 11 (Sterbetag von Schwarz), 31 (Alter Stopfers), 22 (Alter Dantingers), 68 (bezieht sich wohl auf die 68 Schritte, die Dantinger bei seiner Spähe vom Wohnhaus des Prof. Schwarz entfernt gewesen sein will). Auf diese Zahlen wurde denn auch wirklich gesetzt und sie sollen sogar Gewinne erzielt haben.

Eine solche Erbauungsrede war damals im Anschluss an eine Hinrichtung üblich. In diesem Fall hielt sie also Joseph Sallinger, der Kaplan von St. Peter, im Angesicht des Leichnams. In seiner Rede ging er zunächst auf Kanonikus Schwarz, den „grausam Dahingemordeten" ein, dessen Tod ihn umso mehr mit Wehmut erfülle, als dieser einst sein Lehrer gewesen war, den er zutiefst verehrte. So sei es jetzt auch die „schmerzlichste aller priesterlichen Pflichten" gewesen, einen der Täter auf die Richtstätte zu begleiten.

Dessen Leben habe nun soeben das „Schwert der Gerechtigkeit" beendet. Stopfers Eltern sei aber kein Vorwurf zu machen: „Hätte ich ihren Ermahnungen gefolgt, mit mir wäre es nie so weit gekommen!", habe ihm der Todeskandidat gestanden. So aber sei dieser immer mehr auf die schiefe Bahn geraten, bis hin zur Mordtat. „Was da geschehen ist, wer weiß es nicht? Wem schaudert nicht ob des

Geschehenen? Nichts halfen dem unglücklichen Opfer die mit Thränen untermischten Bitten: ‚Schenkt mir doch das Leben! Ich habe euch ja nie etwas zu Leide gethan! Ich will euch Alles geben!‘ Er wurde grausam hingemordet. Wie elend war der Gewinn! Wie kurz der Genuß! Wie schrecklich die Folgen!“

Danach nannte Sallinger drei Hauptgründe, die zu Stopfers Verderben führten: frühzeitiger Umgang in schlechter Gesellschaft, „Scheue vor dem Gebete, und dadurch die Erkaltung in der Religion“ sowie Müßiggang.

Mit dem Sprichwort „Müßiggang ist aller Laster Anfang“ wandte sich Sallinger besonders eindringlich an die anwesenden Massen:

> „Hier seht ihr einen Beweis davon! Hier erblickt ihr ein neues Opfer des Müßiggangs! Schauet an diesen schauerlichen Rumpf! Er beweiset uns: der Sünde Sold ist der Tod. […] Die Langmuth Gottes läßt ein gewisses Maaß voll werden, aber dann wirst du es erfahren, wie schrecklich es ist, in die Hände des gerechten Gottes zu fallen. Möge dieser schauerliche Anblick den tiefsten Eindruck nicht bloß augenblicklich, sondern für immer machen.

Stopfer habe seine Tat tränenreich bereut und könne auf die Barmherzigkeit Gottes im Jenseits hoffen. Im Namen und auf Bitten Stopfers solle er als sein geistlicher Beistand auch alle um Verzeihung bitten, die er je beraubt oder bestohlen habe.

Sallingers Erbauungsrede endete mit den Worten: „Lassen wir ihn im Frieden ruhen! Stopfer hat seine Strafe geduldet. Nicht Steine wollen wir auf sein Grab werfen, sondern mit dem Gebete der Liebe wollen wir seiner gedenken! Amen!“

Das anschließende Gebet wurde von der versammelten Menge laut mitgesprochen. Noch am selben Tag war die Rede auch für drei Kreuzer in gedruckter Form zu haben.

Nach Sallingers Ansprache wurde Stopfers Leiche in einen Sarg gelegt und dieser, so die „Neuesten Nachrichten“, in das Armensünderstübchen gebracht, „woselbst die amtliche vorgenommene Besichtigung des Kopfes ergab, daß der erste Hieb am untern Theile des Hinterhauptbeines in den Kopf ging, in schiefer Richtung nach abwärts den Knochen und das verlängerte Mark (medulla oblongata) durchschnitt und sohin den Tod augenblicklich zur Folge hatte, so daß der zweite Hieb von Stopfer nicht mehr empfunden werden konnte."

Die Zuschauer – es war wohl jeder siebte Bewohner Münchens dabei – gingen nun, so das Fazit der „Volksbötin", „gesättigt heim". Im Publikum hatte sich auch „viel Weibervolk" befunden, „dessen freches Benehmen für den sittlichen Eindruck der traurigen Handlung ein schlechtes Exempel lieferte." „Der Volksbote" meinte denn auch, dass „die vielen Frauenzimmer viel besser daheim geblieben wären", selbst wenn, so wiederum „Die Volksbötin", bei den meisten „ihre zarten Nerven" bei dem blutigen Schauspiel „nicht in Aufruhr" geraten waren.

Andere hingegen hatte beim Anblick der Exekution der Schlag bzw. ein tödlicher Blutsturz getroffen und sieben Soldaten waren während der Hinrichtung in Ohnmacht gefallen. Zudem hatten sich mehrere Personen beim Einsturz eines provisorischen Gerüstes Arm- und Beinbrüche zugezogen.

Der Sarg mit der Leiche Joseph Stopfers wurde unterdessen von sechs Leichenträgern „unter Eskorte von 4 berittenen Gendarmen" zur Anatomie transportiert, wo man schon ungeduldig auf den Leichnam gewartet hatte, der dann auch unverzüglich obduziert wurde. Über diese Obduktion an der Münchner Universität verfasste der ausführende Arzt, der Physiologieprofessor Dr. Emil Harleß (1820 – 1862), am 19. Mai einen Bericht für die Presse, der zum Beispiel auch im „Regensburger Conversations-Blatt" erschien. Darin schreibt er:

> „Die Untersuchungen wurden wegen des großen Zudrangs, welcher freilich nur dem medicinischen Publicum gegönnt war, in der großen Rotunde des anatomischen Theaters vorgenommen. Die Leiche blieb, trotz des ausdrücklichen Befehls schleunigster Ablieferung, drei Viertelstunden nach vollbrachter Enthauptung aus. [...] Fünf Minuten vor 10 Uhr war der tödtliche Streich gefal-

len, bald nach drei Viertel auf 11 Uhr brachten die Träger den Leichnam in den Hörsaal."

Mittels elektrischer Induktionsvorrichtungen bzw. galvanischer Reizung wurde dann eine Reihe von medizinischen Eingriffen und Tests vorgenommen, u. a. zur „Contractilität" der menschlichen Milz.

Stellungnahmen zur Exekution

Am selben Tag erschien auch schon die gesetzlich vorgeschriebene Schrift zu Stopfers Verbrechen. Dazu hieß es in der „Neuen Fränkischen Zeitung“ vom 24. Mai 1850:

> „München, 18. Mai. Der hiesige Stadtmagistrat ließ am Tage der Hinrichtung Stopfer's eine ‚Geschichtliche Darstellung des Verbrechens des Joseph Stopfer aus München‘ an allen Straßenecken und in allen Wirthshäusern kolportiren, wobei er natürlich kein schlechtes Geschäftchen machte, da das Exemplar von ½ Bogen 3 kr. kostete und vom Landvolke häufig gekauft wurde.“

Ebenfalls drei Kreuzer kostete eine diesbezügliche religiöse Betrachtung zur „Verlassenheit Gottes“, die schon seit Anfang April auf dem Markt war.

Am Tag nach der Hinrichtung erschien in der Münchner Presse auch ein Inserat („Bitte an die Bewohner Münchens!“) von Dr. Eugen Schneider, dem Verteidiger Stopfers, in dem Folgendes stand:

> „Joseph Stopfer hat mich, als seinen Vertheidiger, bei seinem gestrigen Abschiede von mir dringend beauftragt, das Münchener Publikum in seinem Namen um Verzeihung ob des großen Unrechts, das er an der Gesellschaft verschuldet, zu bitten und dasselbe zugleich zu ersuchen, dieß nicht seinen unbescholtenen Geschwistern und Verwandten entgelten zu lassen. Ich entledige mich hiemit dieses traurigen Auftrages und bitte um eine möglichst milde Verurtheilung des Entseelten.“

Am 20. Mai 1850 folgte darauf eine anonyme Entgegnung:

> „Herrn Eugen Schneider kann man die Versicherung geben, daß ein großer Theil von Münchens Bevölkerung den unglücklichen Todten schon vor seiner rührenden Bitte mild beurtheilte, was deutlich in der Frauenkirche zu ersehen war, allwo für ihn […]

> eine große Zahl Menschen beiderlei Geschlechtes aus allen Ständen, für die letzten Augenblicke mit dem hochwürdigen Priester zu Gott beteten und man sah aus vielen Augen Thränen des edlen Mitleids fließen."

Angesichts Stopfers Exekution kam das „Münchener Tagblatt" am 19. Mai zu folgendem Fazit:

> „Das blutige Schauspiel ist vorüber und dem tief verletzten Gesetze sein Recht geschehen. Der Schuldige hat am eigenen Leben gebüßt, wie er am fremden frevelte. Das begangene Verbrechen [...] ist bekannt. Ein freundlicher wohlthätiger Greis [Schwarz war 57 Jahre alt!] ward auf scheußliche Weise von einem Verworfenen, dessen Leben eine Reihe von Verbrechen aufweist, und der einen Jüngling dazu verleitete, ihm bei dem blutigen Werke hilfreiche Hand zu leisten, ermordet und seiner Habe beraubt."

So nüchtern und unparteiisch fielen jedoch die wenigsten Pressekommentare aus. In den Nachwirren der Revolutionsjahre suchte man die Urteilsvollstreckung meist auch politisch zu vereinnahmen.

So schrieb der konservative „Volksbote" am 21. Mai 1850, drei Tage nach der Exekution:

> „Der GRADAUS redet jetzt in seinem Bericht über die Hinrichtung wieder von den frankfurter ‚Grundrechten' und der dadurch aufgehobenen Todesstrafen, aber er hätt' wahrlich gute Ursach' davon ganz still zu seyn: denn Stopfer hat bekannt, als er mit dem Verbrechen umgegangen, habe er sich die Sache vorher so überlegt: ‚wenn's auch wirklich schief geht, an's Leben kann man mir nicht, weil die Grundrechte das Todesurtheil abgeschafft haben, und sperrt man mich auf eine Anzahl Jahre in's Gefängniß, so werd ich schon Gelegenheit finden auszubrechen, wie ich's früher gethan habe.' Die Grundrechtspredigten haben also bei der scheußlichen Unthat ihre Frucht getragen."

Am selben Tag kommentierte die in Frankfurt am Main erscheinende „Deutsche Zeitung“ die Meldung von der Enthauptung Stopfers:

> „Heute ist J. Stopfer, der Mörder des Kanonikus Schwarz, hingerichtet und vorher ganz nach mittelalterlichem Brauch um die halbe Stadt im Armsünderhemd umhergefahren, um vor dem Stadtgerichtsgebäude die Marter des Stabbrechens über sich ergehen zu lassen und dann endlich die Strafe nach einer abermaligen weiten Fahrt zu erleiden. Erst mit dem zweiten Hiebe wurde sein Kopf vom Rumpfe getrennt. In andern deutschen Staaten, deren constitutionelles d. h. modernes und humanes Staatsleben freilich jünger ist als das baierische, sind diese hochnothpeinlichen Marterceremonien abgeschafft. Auch in Baiern ist vor einem Jahr im Ministerprogramm eine [...] Revision des Strafgesetzbuches [...] ‚obenan‘ gestellt worden, welche doch wahrscheinlich die vorgängigen Martern bei der Todesstrafe abschaffen soll, wenn auch diese selbst nicht, wie Hr. Justizminister v. Kleinschrod ausdrücklich und wiederholt erklärt hat. [...] § 139 der Reichsverfassung, welcher die Todesstrafe abschafft, wurde sofort als unvereinbar mit Baierns Heil bezeichnet.“

Solchen Ausführungen pflichtete am 22. Mai der „Fränkische Kurier“ bei:

> „Es ist uns unmöglich unsre tiefe Entrüstung über die Möglichkeit einer solchen entsetzlichen Procedur in einem civilisirten Staate zu unterdrücken. Schaamröthe muß auf die Wangen jedes wahren Menschen steigen, wenn er bedenkt, daß er der Mitgenosse einer Gesellschaft ist, die in längst widerlegter Anschauungsweise solche öffentlichen blutigen Schaustücke als nothwendige Abschreckungsmittel erkennt. Einem Menschen, der Uebles gethan hat, wieder Uebles zufügen, wo bleibt hier die Moral? Mag die Missethat so verabscheuungswürdig seyn als sie will, die Gesellschaft hat nie und nimmer das Recht, über das Leben eines ihrer Glieder zu verfügen.“

Dass Hinrichtungen wenig zur Abschreckung taugen, sollte auch ein Vorfall belegen, der sich laut „Neue Speyerer Zeitung" am 21. Mai 1850 in München zugetragen hatte:

> „Zufällig ging ich in der Allee an der protestantischen Kirche spazieren. Da hörte ich hinter mir rufen: ‚Halt's ihn auf, den Dantinger!' Erschrocken sah ich um, fürchtend, der Mörder sei dem Zuchthause entsprungen. Da hörte ich den Ruf: ‚Halt, den Stopfer haben wir!' Was war's? Mehrere Knaben, von denen der eine sich Präsident, der andere Staatsanwalt, die dritten Geschworene nannten, liefen zwei anderen Knaben, Dantinger und Stopfer, nach. Als sie sich diese beiden gefangen, wurden die Letzten von einem improvisirten Geschworenengerichte mit wunderbarer Schnelligkeit abgeurtheilt, und gleich darauf Stopfer, der sich auf eine Bank gelegt, vom Scharfrichter, der den Staatsanwalt und noch eher, wie mir schien, den Professor Schwarz gemacht, hingerichtet. – Was hat nun die sogenannte Abschreckungstheorie durch die Hinrichtung gewonnen? Ein neues Kinderspiel!"

Auch die „Volksbötin" zog stark in Zweifel, dass von jenen, „zu deren sittlichen Besserung dieß blutige Schauspiel aufgeführt wurde, auch nur Einer wirklich gebessert den Richtplatz verließ."

Das konservative „Bayerische Volksblatt" bzw. „Regensburger Morgenblatt" monierte hingegen am 22. Mai 1850 die Reaktionen der linksliberalen Presse auf Stopfers Hinrichtung:

> „Der Arm des Gesetzes hat wieder ein trauriges Amt zu üben gehabt, und wir würden gerne [...] darüber hinweggehen, wenn wir nicht in dem bedauernswerthen Falle wären, unser Bekenntniß über die Unverletzlichkeit eines gerechten Urtheils noch eigens und ausdrücklich darlegen zu müssen.
>
> Die radikalen Blätter haben die Vollstreckung des Todesurtheils an dem Raubmörder Stopfer mit einer so unschuldigen Miene hingenommen, und berichtet, daß man einen Augenblick

glauben könnte, sie seien auch so innig wie wir davon überzeugt, daß dem Mörder das gebührende Recht widerfahren sey.

Dieser Glaube verschwindet aber, sobald man jene Berichte schärfer ins Auge faßt, und hinter den liebseligen und gefühlvollen Redensarten den radikalen Ingrimme kochen sieht. Weil diese zartfühlenden Seelen es gerade nicht für ersprießlich halten, unter gesinnungstüchtigem Augenverdrehen über die ‚Barbarei einer Hinrichtung' zu stoßseufzen, so klagen sie wenigstens darüber, daß man den Mörder nicht in einer Portechaise oder vielleicht in einem Luftballon über die Dächer der Häuser weg, eingewiegt in Aetherträume, aus dem Kerker auf das Schaffot u. von diesem in die andere Welt befördert habe.

Sie finden es grausam, daß man ihn nicht durch das Gedränge der innern Stadt, durch die an einem Schrannentage stets beengten Strassen führte, sondern ihn einen kleinen Umweg machen ließ, der vielleicht zehn Minuten betrug. Sie finden es grausam, daß man ihn an dem Hause vorüberführte, wo er sein Verbrechen begangen hatte. Ach ja, das ist fürchterlich! Wie schön, wie zart, wie ‚human' wäre es dagegen gewesen, wenn man ihn weit, weit weg von jenem Blutorte z. B. in den englischen Garten gefahren hätte, daß er seine arme Seele noch am Blüthenduft hätte erquicken können, und die Qual der Reue durch keine Erinnerung an sein Verbrechen aufgeweckt worden wäre. Daß er ‚auf den ausdrücklichen Wunsch des Klerus' am Hause des von ihm Ermordeten vorbeiziehen mußte, ist eine Erfindung, deren Ehre wir gerne den Scharfsinnigen überlassen, die sie gemacht haben. [...]

Wenn dann endlich berichtet wird, daß man an dem Verurtheilten im Armensünderstübchen noch lange ‚herumgezerrt' habe, so wird es wohl erlaubt seyn, nicht gerade dieß, sondern auch [...] etwas Anderes zu glauben, nämlich daß er gebetet habe, um sich zu dem Besteigen des Blutgerüstes von Dem, in Dessen Gnade er sich in den letzten Stunden seines Lebens empfohlen hatte, Kraft und Muth zu erflehen.

Wir wünschen lange nicht mehr über eine Hinrichtung berichten zu müssen; noch inniger aber wünschen wir, in einem

> solchen Falle nicht wieder den radikalen Abscheu und Haß gegen die Gerechtigkeit und ihr Wirken unter einem Gewebe von Lügen und Verdrehungen hervorziehen zu dürfen."

Drei Wochen nach Stopfers Hinrichtung, am 9. Juni 1850, gab auch das „Katholische Sonntagsblatt" eine Rückschau auf den aufwühlenden Kriminalfall. Dabei fand die Zeitung lobende Worte für den Untersuchungsrichter Weichsler, aber nur wenige für Stopfers Verteidiger Schneider. Zu Letzterem hieß es dort:

> „Störend für Stopfers Vorbereitung auf den Tod war das Benehmen seines jungen, übrigens sehr talentvollen und sehr geschickten Vertheidigers, der ihm durch unzeitige Hoffnung auf Begnadigung, die er ihm machte, einen guten Theil der letzten Zeit zur innern Sammlung genommen und seine Vorbereitung erschwert hat."

Weichsler hingegen habe, „als er den armen Stopfer zur Richtstätte abholte, in seiner ihm eigenen und für das Seelenheil des Stopfers so wohlthuenden, sanften und liebevollen Weise zu ihm gesagt, er solle dieses sein Schicksal nicht als Unglück erkennen, sondern als ein Glück, denn er gehe, mit Gott und allen Menschen ausgesöhnt und wohl vorbereitet seinem Schöpfer entgegen, während wir alle Andern nicht wissen, in welchem Zustande uns der Tod überraschen werde."

Joseph Stopfer sei, so das „Sonntagsblatt", durch seine „Reue und Buße in den Zustand der Gnade und der Kindschaft Gottes" gelangt. Insofern wurde gerade dieses Ende Stopfers gutgeheißen: „Wohl ihm, daß er auf solche Weise sein irdisches ganz verkommenes und in Sünden verlorenes Dasein enden mußte, er hätte sich sonst vielleicht *nie* bekehrt."

Demzufolge schloss sich hier auch gleich eine harsche Kritik an Ludwig Dantinger an, der „noch immer kein Zeichen einer wahren Zerknirschung und Besserung gibt." Das „Katholische Sonntagsblatt" hielt zudem durchaus Dantinger für den Haupttäter, der am Tag des

Mordes beim überraschenden Antreffen des Kanonikus gesagt haben soll: „Jetzt geht's uns schlecht, der geistliche Herr kennt mich, wir sind verloren!"

Nachbetrachtungen (1850–1892)

Am 24. Mai 1850, gut eine Woche nach Joseph Stopfers Tod, wurde auch das vom Gericht angedrohte Verfahren gegen Peter Haselbauer wegen Meineids abgeschlossen. Haselbauer gab zu, in der Schwurgerichtssitzung vom 13. März trotz seines Eides gelogen zu haben. Stopfer habe ihn im Arrest dazu überredet, die in der Voruntersuchung gemachten Angaben zu widerrufen. Er habe ihm vorgehalten: „Wie kannst du so etwas gleich sagen, wenn man Dir etwas anvertraut? Wenn du diese Angaben widerrufst, so werde ich nicht hingerichtet."

Da habe ihn der Stopfer „gedauert" und Haselbauer habe daraufhin alle Aussagen, die er diesbezüglich in der Voruntersuchung gemacht hatte, bei Gericht für falsch erklärt. Nunmehr aber müsse er eingestehen, dass alles, was er über Stopfer und Dantinger anfangs gesagt habe, wahr, und alles, was er über den Untersuchungsrichter Weichsler gesagt habe, unwahr sei. Daraufhin wurde Peter Haselbauer, dem neben Meineid und „Calumnie" (Verleumdung) auch noch eine Reihe schwerer Diebstähle zur Last gelegt wurde, zu zwölf Jahren Zuchthaus verurteilt.

Ein Vierteljahr später wurde auch Johann Baptist Sonndorfer und Martin Probst, die ja zugunsten von Stopfer falsches Zeugnis abgelegt hatten, der Prozess gemacht. Dabei ging es aber hauptsächlich um von ihnen verübte Einbruchsdiebstähle. Als der Staatsanwalt dabei für Sonndorfer 20 Jahre Zuchthaus forderte, erklärte dieser, dass er da doch lieber zum Tod verurteilt werden wolle.

Letzten Endes verhängte der Gerichtshof am 15. August 1850 für Sonndorfer trotzdem eine 20-jährige, für Probst eine 10-jährige Zuchthausstrafe.

Die dem Justizminister vorgeworfene Verschleppung des Vollzugs der Urteile gegen Stopfer und Dantinger hatte natürlich noch ein Nachspiel. Die königliche Staatsanwaltschaft erstattete Anzeige gegen Redakteure, die den besagten Artikel übernommen hatten, und zwar wegen „der strafbaren Schmähung, der Beschimpfung und des beleidigenden Spottes gegen die Person des k. Staatsministers der Justiz, Dr. von Kleinschrod."

Bei den anschließenden Prozessen machte die Behörde geltend, die lange Dauer „sei zur Ausarbeitung des ausführlichen und sorgfältigen 32 Bogen enthaltenden Vortrags, zum Reinschreiben desselben, um Sr. Majestät dem Könige vorgelegt werden zu können, sodann zum Entwurf des Begnadigungsrescriptes, und zur Einholung der königl. Unterschrift nothwendig gewesen." Zudem seien bei den umfangreichen Ausarbeitungen „stets besondere Referenten aus der Zahl der Ministerialbeamten" verwendet worden, niemals aber sei hierzu „ein Accessist als selbständiger Referent" herangezogen worden. Ein Accessist war ja eigentlich eine Art Rechtsreferendar, der zum Beispiel eine ihm zugewiesene Verteidigung eines Falles umsonst führen musste.

Die Anzeigen der Staatsbehörde wurden indes fast ausnahmslos abgewiesen, wenn auch manchmal erst in zweiter Instanz. Man stellte fest, dass in jenem Aufsatz „keine genügenden Indizien" für irgendeine Pressegesetz-Übertretung enthalten seien.

Eine Ausnahme stellte hier der Fall des Redakteurs der „Neuen Speyerer Zeitung" dar. Als Georg Friedrich Kolb gegen seine Verurteilung Einspruch einlegte, hieß es dazu u. a. in der „Neuen Passauer Zeitung" am 29. August 1850 entrüstet: „Was sogar das oberbaierische Appellgericht für straflos erkannte, das glaubt man in der Pfalz durch Geschworene verurteilen lassen zu können." Die Rheinpfalz mit der Hauptstadt Speyer gehörte damals ja auch zu Bayern! Nichtsdestotrotz wurde der pfälzische Redakteur im November 1850 vom Münchner Kassationshof zur Bestreitung der Verfahrenskosten und einer Geldstrafe von 70 Gulden verurteilt.

Im März 1851 berichteten Blätter wie das „Augsburger Tagblatt" oder das „Bayerische Volksblatt" von einer verunglimpfenden Broschüre:

> „Wenn sich gewisse Leute zu einem Witz erheben wollen, fahren sie gewöhnlich in die Pfütze der Gemeinheit, um von dort aus zu bombardiren und ihre Wuth zu kühlen. So schreibt z. B. die ‚Postzeitung' aus einem anderen gesinnungsfreundlichen Blatte folgendes nach: ‚In der Expedition der beiden Liederlichkeits-

> blätter ‚Volksbötin' und ‚Neuesten Nachrichten' in München ist eine Broschüre per Stück zu 6 kr. zu haben: ‚Der Ultramontanismus abgeurtheilt von altbayerischen Geschwornen. Oeffentliche Verhandlung vor dem Schwurgerichtshofe in München.' Beigegeben ist noch eine Abbildung des Sitzungssaales während der Verhandlung und Porträtähnlichkeit des Angeklagten und des Vertheidigers. Daß es in den Reden der beiden Rothen an Gotteslästerungen nicht fehlt, ist eine klare Sache. Die Porträts sollen nach dem Urtheile von Kennern denen der Herren Stopfer und Dantinger sehr ähnlich sehen."

Ein Jahr nach seiner Hinrichtung fand sich Joseph Stopfers Figur neben anderen Berühmtheiten im Regensburger Wachsfigurenkabinett des Joseph Hammer, wo der Eintritt sechs Kreuzer betrug (Kinder zahlten die Hälfte).

Das am Dultplatz gelegene Kabinett war zweigeteilt: In einem Raum befanden sich lebensgroße Wachsfiguren von berühmten Personen wie Kaiser Napoleon oder Lola Montez, im anderen allseits bekannte Verbrecher wie Matzöder, Hahn, Eppensteiner oder eben Stopfer, die man mit Ketten und der grauen Gefängnis-Kutte versehen hatte.

Bei Franz Matzöder aus Matzöd (bei Simbach/Landkreis Dingolfing-Landau), dem Schullehrer Dominikus Hahn aus Konzell (Landkreis Straubing-Bogen) und Johann Eppensteiner aus Aufhausen bei Regensburg handelte es sich um berüchtigte Mörder, die seinerzeit in Bayern hingerichtet worden waren.

Zwei Jahre nach Stopfers Exekution, am 17. Februar 1852, erschien in der „Bayerischen Landbötin" folgende Todesanzeige: „In Augsburg starb am 13. d. der k. Kreisscharfrichter Anton Leimer; es ist dies derselbe, welcher den des Raubmordes an Canonicus Schwarz für schuldig befundenen Stopfer vom Leben zum Tode beförderte."

Die Erinnerung an den Raubmörder Stopfer war also noch keineswegs verblasst. Das wurde auch im Mai 1852 ersichtlich, als ein Raubmörder aus Altomünster ins Haspelmoos zwischen Augsburg und München geflüchtet war und einer der Münchner Gendarmen bei dessen Ergreifung rief: „Da sehen's nur den liederlichen Kerl an, wie der Stopfer sieht er aus!"

Im Juli 1852 war dann in den „Neuesten Nachrichten" in einem Artikel über den Hund als Wächter und Beschützer des Hauses zu lesen: „Hätte Professor Schwarz nur ein kleines Hündchen damals in seiner Wohnung gehabt, als am hellen Tage der gewaltsame Einbruch geschah, das Hündchen hätte gewiß Lärm gemacht, und so den schrecklichen Mordanfall verhütet."

Im Oktober 1852 meldete der „Münchener Herold", dass ein entlassener Soldat wegen Einbruchsdiebstahls verhaftet worden war. Bei dem „Treulosen" und „Pflichtvergessenen" handle es sich um die Person, die Stopfer, „als derselbe noch in der Frohnveste saß, zu einem beabsichtigten Ausbruch die entsprechenden Brechwerkzeuge vom Frohnvesthofe, wo er eben Nachtwache hatte, hinaufreichte."

Viel spricht dafür, dass es sich dabei um Stopfers Zechkumpan Korporal von Velasco handelte. Dieser schien immer noch – wegen seiner adligen Familie oder hochstehender Gönner – einen gewissen Schutz zu genießen, da auch hier sein Name nicht öffentlich gemacht wurde.

Der Öffentlichkeit wurde weiterhin Joseph Stopfer als „großer Verbrecher" präsentiert, so 1855 in einer Schaubude auf der Juliuspromenade in Würzburg. Der Höchstadter Wachskabinettbesitzer Andreas Ruchtl lud am 6. November in einem Inserat im „Würzburger Stadt- und Landboten" das „hochzuverehrende Publikum ergebenst" zur Besichtigung ein. Bei den Personen, die dort in Lebensgröße „zur Ansicht aufgestellt" waren, gab es nun aber nicht nur Verbrecher oder Majestäten, sondern auch „religiöse Darstellungen: Die wahre Abbildung unsers Herrn Jesu Christi, wie er aufsteht und den Segen ertheilt. Um ihn sind versammelt seine Jünger: Petrus, Johannes, Jakobus, Paulus" sowie „Bonifacius, Apostel der Deutschen."

Drei Jahre später, im März 1858, verschied der Bezirksgerichtsdirektor und Gutsbesitzer Carl August Freiherr von Dürnitz im 47. Lebensjahr auf Schloss Hienhart (heute Landkreis Straubing-

Bogen) an einem Nervenfieber (wohl Typhus). Beerdigt wurde er, wie acht Jahre zuvor der von ihm angeklagte Stopfer, auf dem Alten Südfriedhof in München.

Stopfers einstige Geliebte, die Näherin Maria Hartl, starb im Jahr darauf, im August 1859, im Alter von 44 Jahren.

Deren Bekannte, die „Schneidersfrau" Barbara Lerch, wurde im Februar 1862 vom Münchner Bezirksgericht wegen zwei Betrugsvergehen zu einer neunmonatigen Gefängnisstrafe verurteilt, „zu erstehen im Zwangsarbeitshaus".

Im selben Jahr starb zudem der Untersuchungsrichter, der Lerch seinerzeit als Zeugin für den Schwurgerichtsprozess gegen Stopfer und Dantinger vorgeladen hatte: Friedrich Weichsler erlag als Direktor des Bezirksgerichts Wasserburg in seinem 49. Lebensjahr einem Schlaganfall.

Zwei Jahre später war in der „Donau-Zeitung" vom 11. Dezember eine Notiz zu Friedrich Adolph Freiherr von Hofstetten, der im Prozess gegen Stopfer und Dantinger ja den Vorsitz geführt hatte, zu lesen: „Herr Oberappellationsgerichtsrath von Hofstetten wurde wegen nachgewiesener Funktionsunfähigkeit für immer in den nachgesuchten Ruhestand versetzt,"

1864 war auch der inzwischen 34-jährige Ludwig Dantinger wieder in der Presse aufgetaucht. Er hatte im Münchner Zuchthaus nähere Bekanntschaft mit dem etwa gleichaltrigen Sträfling Friedrich Röder gemacht. Dieser sah sich in der Auer Strafanstalt „unterdrückt" und durch die „harte Behandlung" dort dem Tode nahe.

Als Röder im Januar 1864 wegen Übertretung der Hausordnung (Handel mit Schnupftabak) zu einem Rapport geführt wurde, sagte er zu seinem Kumpan: „Dantinger, behüt' dich Gott, jetzt geht's dahin, jetzt siehst du mich nicht mehr!"

Danach versuchte der als verwegener Gewalttäter berüchtigte Röder mit dem Teil einer Schere den Zuchthausvorstand Dr. Eduard Meß zu töten, welcher aber schnell reagierte und so unverletzt blieb.

Im April kam es deswegen zum Prozess, wobei auch Dantinger als Zeuge auftrat. Doch er wusste über die eigentliche Tat nichts zu berichten. Und der Beschuldigte verwahrte sich vor Gericht dagegen, dass in der Anklage Dantinger als sein Freund bezeichnet wurde. „Wenn ich je einem etwas anvertraut hätte, so Röder, „Dantinger wäre der letzte gewesen."

Vor allem Dantingers Erscheinen fand in der Presse weithin Beachtung. So hieß es in der „Augsburger Postzeitung" vom 16. April 1864:

> „Der Schwurgerichtssaal war von Neugierigen überfüllt. Alles wollte den oftgenannten Dantinger, den Mörder des Prof. Schwarz [...] sehen. Dantinger ist zu lebenslänglicher Zuchthausstrafe begnadigt, hofft aber bald ganz begnadigt zu werden, und scheint nach Amerika auswandern zu wollen, denn er soll sich eine englische Grammatik angeschafft haben, um die englische Sprache zu erlernen."

Die Aussichten für eine Entlassung – wenn auch erst in weiter Ferne – standen jedoch für Röder viel besser: Dieser erhielt für seinen als „Mordversuch" eingestuften Angriff auf den Inspektor eine weitere Zuchthausstrafe von drei Jahren und hatte somit insgesamt noch 13 Jahre bis zur Wiedererlangung der Freiheit zu verbüßen. Dantinger hingegen war zwar kein Kettensträfling mehr, doch war seine erneute Begnadigung, nunmehr zum „Züchtling", keineswegs mit einem festen Entlassungstermin verbunden.

Auch 1866, also 17 Jahre nach ihrer Tat, waren Stopfer und Dantinger immer noch Bezugsgrößen, wenn es um berüchtigte Mörder ging. So meinte die fränkische „Stadtfraubas" im Dezember 1866:

> „Die letzte Woche, so freudig sie in Nürnberg war, so grauslich ist sie in München ausgefallen, denn es gab wieder einmal einen Raubmord, wie es deren auch schon in den sogenannten guten Zeiten gab, [wo einen solchen] Stopfer und Dantinger einst an einem Geistlichen verübten, weil es auch in guten Zeiten schlechte Menschen gab."

Selbst vier Jahrzehnte nach dem Mord an Professor Schwarz waren Stopfer und Dantinger unvergessen. „Der Wendelstein" vom Dezember 1888 meldete in Zusammenhang mit der Ergreifung von zwei Raubmördern:

> „Beide sind von jugendlichem Alter, der eine 24, der andere gar erst 17 ½ Jahre alt, was recht stark an einen Fall vor 39 Jahren erinnert, wo der bekannte und beliebte geistliche Rath und Professor Schwarz von zwei jungen Burschen, deren einer noch nicht völlig strafmündig war, ermordet wurde; der letztere, Dantinger mit Namen, befindet sich noch im Zuchthause!"

In der Tat war Dantinger – anders als in der Presse angekündigt – nicht ausgewandert, sondern lieber im Zuchthaus geblieben, obwohl er das behördlicherseits bereits hätte verlassen können. Er blieb dort bis zu seinem Tod.

Vom Ableben Dantingers berichtete am 13. Dezember 1892 wiederum „Der Wendelstein", das „Katholische Volksblatt für das bayerische Oberland":

> „München, 11. Dezbr., wird dem ‚Wendelstein' geschrieben: Die Zeit heilt alle Wunden, und wenn's Einer erlebt, verzeiht ihm die Welt selbst die ärgsten Verbrechen. Beweis für diese Behauptung die Nekrologe, welche die Presse dem jüngst im Zuchthause geendeten Raubmörder **Dantinger** widmete.
>
> Fast rührend liest sich die Schilderung von dem ‚Greis im Silberhaar', dem alten Dantinger, welcher später die goldene Freiheit verschmähte und den Aufenthalt in der liebgewonnenen Strafanstalt einem solchen in der heutigen ihm fremdgewordenen Welt vorzog.
>
> Dantinger hatte vor 43 Jahren im Vereine mit Stopfer den Münchener Professor Schwarz grausam ermordet, wofür Stopfer mit dem Schwerte hingerichtet, Dantinger dagegen zu lebenslänglichem Zuchthaus begnadigt wurde.
>
> Da er sich gut führte, wäre Dantinger trotz des Lebenslänglichen schon vor Jahren der bürgerlichen Gesellschaft zurückgegeben worden, aber er zog es vor, zu bleiben, wo er so lange

gewesen und seit geraumer Zeit nicht mehr als eigentlicher Sträfling fungirte, bzw. auf halbfreiem, sorgenlosen Fuße lebte. Er hatte es auf diese Weise besser als unsere Arbeitslosen, denn für ihn war der Tisch gedeckt und er brauchte den schweren Kampf um's [sic] Dasein nicht mehr aufzunehmen.

An Dantinger knüpft sich bekanntlich ein Volkswitz, denn seit dem Tage, da Stopfers Haupt unter dem Schwerte des Scharfrichters fiel, nannte man den Pfeifenstopfer, ein für Pfeifenraucher unentbehrliches Requisit, nicht mehr Stopfer, sondern ‚Dantinger'. Die jüngere Generation bediente sich dieser Bezeichnung seltener, und nun [da] Dantinger selbst das Zeitliche verlassen, wird auch der Pfeifenstopfer seinen Spitznamen wieder verlieren."

Das Zeitliche hatte Ludwig Dantinger also als „Greis" im Alter von 62 Jahren gesegnet.

Anhang

Literatur und Quellen

Allgemeine Zeitung (Beilage): 1850 (14. März).
Augsburger Postzeitung: 1850 (15. März), 1864 (16. April).
Augsburger Tagblatt: 1849 (26. April), 1850 (14. Februar, 13. März, 16. März, 17. März, 27. März), 1851 (25. März).
Bamberger Zeitung: 1850 (16. März).
Bayerische Landbötin: 1849 (26. April), 1850 (11. Januar, 21. Februar, 23. Februar, 7. März, 12. März, 13. März, 14. März, 15. März, 16. März, 17. März, 20. März, 26. März, 11. April, 12. April, 14. April, 19. April, 21. April, 23. April, 26. April, 27. April, 12. Mai, 15. Mai, 16. Mai, 17. Mai, 18. Mai, 19. Mai, 21. Mai), 1852 (17. Februar).
Bayreuther Zeitung: 1850 (17. März).
Bayerisches Volksblatt/Regensburger Morgenblatt: 1850 (21. Mai, 22. Mai), 1851 (17. März).
Daxelmüller, Christoph: Schädel, Lotterien und die Macht des Jenseits – Glücksspiele jenseits der Normalität, in: Simone Finkele/Burkhardt Krause (Hrsg.): Glück – Zufall – Vorsehung, Karlsruhe 2010, S. 103–124.
Der Bayerische Eilbote: 1850 (13. März, 15. März, 17. März, 20. März, 14. April, 19. April, 26. April, 17. Mai, 19. Mai).
Der Bayerische Landbote: 1862: (09. Februar).
Der Grenzbote (Reichenhall): 1850 (17. März, 21. März, 24. März, 23. Mai).
Der Lechbote. Eine Augsburger Morgenzeitung: 1850 (18. Mai).
Der Volksbote für den Bürger und Landmann: 1849 (13. März, 16. März), 1850 (13. März, 14. März, 16. März, 19. März, 26, März, 12. April, 21. April, 21. Mai), 1853 (10. März).
Der Wendelstein. Katholisches Volksblatt für das Bayerische Oberland: 1888 (22. Dezember), 1892 (13. Dezember).
Deutsche Zeitung: 1850 (21. Mai).
Deutsches Wochenblatt für constitutionelle Monarchie. Mit besonderer Berücksichtigung Bayerns: 1850 (17. März, 31. März).
Die Bayerische Presse. Eine constitutionell-monarchische Zeitung (Würzburg): 1850 (13. März, 2. Mai).
Die Stadtfraubas: 1866 (6. Dezember).
Die Volkshalle. Furchtlos für's Volk: 1849 (29. September).
Die Volksbötin: 1850 (10. Januar, 15. Januar, 31. Januar, 9. Februar, 10. März (Beiblatt), 12. März, 13. März, 14. März, 15. März, 16. März, 17. März, 20. März, 21. März, 5. April, 9. April, 14. April, 20. April, 26. April, 10. Mai, 16. Mai, 18. Mai, 19. Mai, 24. Mai, 26. Mai), 1852: 1. Januar.
Donau-Zeitung. Vereinigte Blätter des Kourier an der Donau und der Passavia: 1850 (17. März, 18. März, 20. März, 21. März), 1851 (15. September).
Fränkischer Kurier: 1850 (23. April, 22. Mai).
Fürther Tagblatt: 1850 (17. Mai).
Gradaus mein Deutsches Volk!: 1849 (14. März).
Hermann, F.B.W. von (Hrsg.): Beiträge zur Statistik des Königreichs Bayern. Heft IV, München 1855, S. 14–23.
Intelligenzblatt der Königlichen Regierung von Oberbayern: 1849 (Nr. 53, 16. November, S. 1539).
Katholisches Sonntagsblatt: 1850 (9. Juni).

Kemptner Zeitung: 1850 (13. März, 16. März, 17. März, 19. März, 22. März, 16. April, 23. April, 10. Mai, 21. Mai, 26. Mai, 1. Dezember).

[Kitt, Heinrich]: Der Diebstahl, dessen Untersuchung und Bestrafung in Bayern diesseits des Rheins nach dem neuesten Gesetze vom 10. Jänner 1856 und den älteren noch geltenden Bestimmungen mit Erläuterungen und Citaten, München 1856.

Kreutzer, Johann Martin (Hrsg.): Centralzeitung für die gesammte Veterinärmedizin und ihre Hilfswissenschaften. Mit vergleichender Bezugnahme auf die Menschenheilwissenschaft. Nr. 11, Erlangen 1851.

Landshuter Zeitung. Für Wahrheit, Recht und gesetzliche Freiheit: 1849 (28. April), 1850 (10. März, 13. März, 16. März, 23. März, 21. Mai).

Magdeburgische Zeitung. Anhalter Anzeiger: 1850 (19. März).

Merckel, [Johann Friedrich]: „Die erste Schwurgerichtssitzung über Preßvergehen in der bayerischen Pfalz“, in: Ludwig von Jagemann (Hrsg.): Der Gerichtssaal. Zeitschrift für volksthümliches Recht. Dritter Jahrgang, Erster Band, Erlangen 1851, S. 124–160.

Münchener Anzeiger. Beilage zu den Neuesten Nachrichten: 1849 (16. März, 27. April).

Münchener Bote für Stadt und Land: 1853 (24.Mai), 1864 (16. April).

Münchener Herold: 1852 (28. Oktober).

Münchener Lithographische Correspondenz: 1850 (7. Mai).

Münchener Tagblatt: 1849 (22. März, 28. April), 1850 (9. März, 13. März, 14. März, 15. März, 16. März, 17. März, 24. April, 19. Mai).

Neue Fränkische Zeitung: 1850 (17. März, 24. Mai).

Neue Münchener Zeitung: 1850 (11. März, 12. März, 13. März, 14. März, 16. März, 31. März, 16. Mai, 22. Mai; mit Beilagen zu Nr. 59, 60, 61, 62, 64, 90, 117 und 119).

Neue Passauer Zeitung: 1849 (26. April) 1850 (16. März, 29. August).

Neue Speyerer Zeitung: 1850 (30. Mai, Beilage).

Neues Bayerisches Volksblatt: 1864 (17. April).

Neueste Nachrichten aus dem Gebiete der Politik: 1849 (14. März), 1850 (29. Januar, 9. Februar, 12. März, 13. März, 14. März, 15. März, 16. März, 19. März, 8. April, 18. Mai, 19. Mai), 1852 (14. Juli).

N. N.: Dienstes- und Hausordnung für die kgl. bayer. Strafanstalt München, München 1845.

N. N.: Zur Erinnerung an Seine Hochwürden, Herrn Johann Baptist Maria Schwarz, München 1849.

N. N.: Am III. Sonntag nach Pfingsten, in: Katholisches Sonntagsblatt, Nr. 13, 9. Juni 1850, München, S. 49 f.

N. N.: Wahrspruch der Geschworenen, Nr. 1460, Bayern, in: Jodocus Donatus Hubertus Temme (Hrsg.): Archiv für die strafrechtlichen Entscheidungen der obersten Gerichtshöfe Deutschland, Sechster Band, Erlangen 1859, S. 412–415.

Nürnberger Kurier: 1850 (14. März).

Oberpfälzisches Zeitblatt: 1850 (29. April, 20. Mai).

Overath, Petra: Tod und Gnade. Die Todesstrafe in Bayern im 19. Jahrhundert, Köln 2001.

Redaktion der Blätter für Rechtsanwendung (Hrsg.): Sitzungsberichte der bayerischen Strafgerichte. Zweiter Band, Erlangen 1850, S. 89–119 u. 141–145.

Regensburger Conversations-Blatt (Beiblatt zum Regensburger Tagblatt): 1850 (24. Mai).

Regensburger Tagblatt. Kampf-Organ für nationale Freiheit und soziale Gerechtigkeit: 1850 (2. Februar, 14. April).

Regensburger Zeitung: 1849 (26. April), 1850 (18. März).

Reindl, Georg Karl: Grabrede bei der feierlichen Beerdigung des Hochwürdigen Herrn Johann Baptist Schwarz, München 1849.

Sallinger, Joseph: Rede nach der Hinrichtung des Joseph Stopfer, München 1850.

Salzburger Constitutionelle Zeitung: 1850 (22. Mai).

Schmidt, Maximilian: Meine Wanderung durch 70 Jahre. Erster Teil, Leipzig 1902.

Seidl, Helmut A.: Ein Mordgeselle aus Altomünster. Das kurze Leben des 1853 hingerichteten Michael Ostermaier, in: Amperland. Heimatkundliche Vierteljahresschrift für die Kreise Dachau, Freising und Fürstenfeldbruck 2/2017, S. 204 – 210.

Seidl, Helmut A.: Zwei Spektakel im Morgengrauen. Der Ersteinsatz der Guillotine in Niederbayern und der Oberpfalz, Norderstedt 2018.

Seidl, Helmut A.: Ein Mördertrio auf dem Schafott, Norderstedt ²2018.

Seidl, Helmut A.: Der Kreuzlmacherbube und Konsorten. Bayerns größte Räuberbande, Norderstedt ²2023.

Tag-Blatt der Stadt Bamberg: 1850 (18. März, 19. März, 25. März).

Wasserburger Wochenblatt: 1862 (18. Mai).

Bildnachweis

Privatarchiv Seidl: 13, 25 (Vincent St. Lerche: Bilderscherze. Beiträge zur Geschichte der Hüte unserer Zeitgenossen, in: Gustav Nieritz (Hrsg.): Deutscher Volkskalender auf das Jahr 1874, S. 97 – 103, hier S. 98), 26, 39

Bayerische Staatsbibliothek: 17 (Signatur: 4 Eph.pol. 38-1850, 1/6, Würzburger Stadt- und Landbote, Beilage „Extra-Felleisen“ vom 26.05.1850), 53 (Signatur: 4 Eph.pol. 38-1850, 1/6, Würzburger Stadt- und Landbote, Beilage „Extra-Felleisen“ vom 26.05.1850)

Stadtarchiv München: Umschlag (DE-1992-GS-A-0973), 20 (DE-1992-HV-BS-B-04-75), 33 (DE-1992-HV-BS-B-04-73), 37 (DE-1992-FS-HB-XX-U-10), 73 (DE-1992-HV-BS-A-05-78), 96 (DE-1992-HV-BS-A-05-79)